Resources in the Ancient Church for Today's Worship

Lecciones del culto antiguo para la iglesia de hoy

Catherine Gunsalus González

ABINGDON PRESS / Nashville

RESOURCES IN THE ANCIENT CHURCH FOR TODAY'S WORSHIP

ISBN 978-1-4267-9565-7

LECCIONES DEL CULTO ANTIGUO PARA LA IGLESIA DE HOY

ISBN 978-1-4267-9565-7

14 15 16 17 18 19 20 21 22 23–10 9 8 7 6 5 4 3 2 1
MANUFACTURED IN THE UNITED STATES OF AMERICA
HECHO EN LOS ESTADOS UNIDOS DE NORTEAMÉRICA

Content

Contenido

Resources in the Ancient Church for Today's Worships

Introduction

Most congregations probably assume that they are worshiping in about the way the church worshiped in New Testament times. Whether it is with great ceremony or with scarcely more than prayer and a sermon, churches have debated—and divided—over issues that ultimately have to do with how the community worships. What has become clear in the past fifty years or so is that the early church worshiped in ways that bear little or no resemblance to how most churches have worshiped in the past few centuries. Very significant documents were discovered in the late nineteenth and early twentieth centuries that show quite clearly that neither the Roman Catholic Church nor the various Protestant denominations were worshiping in the way the church worshiped in the late first and early second centuries. In fact, what we call "traditional" worship in most Protestant churches is really nineteenth-century worship. It took scholars several decades to assemble and translate these lost documents. But the information contained in them has dramatically altered our understanding.

There is no reason to say that worship today must follow whatever was done in the first and second centuries of the church's life. But there is another reason this new knowledge made a great impression on those who studied it. In the early period of the church's existence it was persecuted or barely tolerated. It was very clear that to become part of the church meant going against the grain of the wider society and could even be dangerous. The church needed to be sure that those who wanted to join knew and accepted the risks involved. In addition, the church needed to educate those who wanted to enter, because the wider society had no interest in promoting the values or practices of the Christians. But in the beginning of the fourth century, everything changed. The emperor Constantine supported the church, and not only granted religious toleration to all but also supported the church above all other groups with special privileges in regard to taxes, military service, and made Sunday a day free from work for most people. Everyone wanted to join the church, and within less than a century the former small, persecuted group found itself the largest religious institution in the Roman Empire. It could now count on the wider society for support.

We in the Western world—the world where Christianity was basically the only religious institution (except for Judaism which was generally tolerated but not officially supported)—have seen the erosion of such support. The church is not persecuted, but rampant secularism has made it quite possible to be a well-regarded member of society and yet have no connection to any church. In many urban areas, those who attend church regularly are considered "quaint" or at least not a part of a truly contemporary society—a society governed by science and technology with no place for mystery or the providence of God. Increasingly, our society is more like that of the second century than like that of the nineteenth. The worship of that early church could help the church today come to grips with the changes in the wider society. If for no other reason, contemporary church leaders need to be aware of these new discoveries and the help they can provide.

There is another reason such a study is helpful: it lets us see much of the New Testament through the eyes of worshipers in that time period. The New Testament did not leave us a directory for worship. It did not say much at all about how communion was celebrated or how baptism was carried out. It mentions hymns, prayers, preaching, gathering, eating together, and yet does this without clarifying how all of these things were done. But when we know more about the worship then we see reflections of that worship throughout the New Testament writings.

This book is not a new statement about how worship should be carried out. It is a presentation of what we now know about the early worship of the church and the light it sheds on our reading of the New Testament. It tries to clarify why our "traditional worship" is what it is, and why it is so different from that of the second century. It is for the reader to decide of what help the early church can be for our current—and rapidly changing—setting. How the church worships is probably the most significant way in which discipleship is strengthened and our awareness of ourselves as Christians is given a secure foundation.

1. The Early Church

Imagine that you are a faithful Jew, living in Judea just after the time of Jesus. The church has begun, and it is growing through the addition of those Jews who believe the message that Jesus is indeed the promised messiah, and that he was raised from the dead and is alive. The kingdom of God has broken into this fallen world. You hear the message, and believe it. What then will you do? You attend the synagogue and keep the Sabbath and the laws of Judaism. You do not eat forbidden foods. You do not mingle with gentiles. These Christians are all Jews. They go to the Temple as you do. They keep the laws. But they also meet together on the first day of the week, the day after the Jewish Sabbath. You join in some of their gatherings, early in the morning or in the evening. At these times, perhaps, you have meals with them at some member's home, where you also share in prayers. When you ask to join their number, you are told you need to be baptized. This can be arranged readily. You are baptized in a simple service, perhaps in a river, and then you are permitted to attend the service of the Lord's Supper, also a meal, celebrated with a special emphasis on the bread and the wine.

Now transport yourself to a time a bit later in the first century, outside of Judea in the Roman Empire. You are a gentile, but you have known many Jews and have admired their way of life. Especially you have liked their ethical teachings and their stress on only one God. The Jews are very different from other groups in the Roman Empire. You have thought about converting to Judaism, but never have. Though you often attend the synagogue services, you do not like the idea of circumcision

13

or the special food laws that would keep you from joining in meals with your family and friends. You are what the Jews call a "God-fearer." (Cornelius, whose story is told in Acts 10, was one such person.) But now, a Christian preacher has come to the synagogue and preached that the expected messiah has come. You are very much attracted to this message and to the group of believers. Here physical circumcision is not required, nor are the food laws required, or other modes of staying separate from gentiles. Yet the monotheism and the moral laws of Judaism are there. When you ask if you may become a member, you also are readily baptized in a simple ceremony and admitted to the special communion meal.

But now, imagine yourself a gentile more than a century after Jesus. You live in a very Greek area and have had little or no contact with Judaism. You meet a Christian in your work. Perhaps you are both sandal makers and have shops near each other. You have known this person many years, but now there is something different about him. He has a joy you had not seen before. His family seems happier. He has many friends you have never seen before, and he tells you that he is part of a small group of Christians. They often meet every morning early, before work, and again in the evening. Since many are in the city without their families, many of them eat together in the evening, and their meetings are almost like a new family. They all seem to be very willing to help others, even those outside of their group. In fact, when your wife was very ill, they brought food and offered to take care of your young child when you went to work. They have discovered something about the way to live that you begin to wish you also had. So you join your friend for some of these meetings. There you hear about this Jesus, who died as a criminal under the Roman Empire, but then he rose again. These Christians understand that he is still with them, and that he has begun a new world in their midst, a world in which there is love and forgiveness, even a new beginning to our lives that can free us from all our past mistakes.

Your interest is such that you ask to attend regular worship with the Christians in your community, which normally takes place on the first day of the week. You are told you may attend the first part of worship, which is called "the service of the Word." There you will hear the prayers, listen to the reading of

14

Scripture and its explanation, and participate in the praise of God. But you will not be allowed to remain for the second part of worship, known as "the service of the Table."

In your own family, there are several gods who are worshiped. There is a little altar in the corner of one room, and statues of all the family gods are there. The family often gathers for worship, making offerings of food and flowers, and asking for safety and prosperity. There are several gods because some of your family is originally from Egypt, and brought their gods with them. These gods also have stories of dying and rising. Others are from Athens, where Athena is the goddess. And, of course, the local gods and the emperor must be included.

After several months of gathering with these Christians, you ask about becoming a member. You are told that there are some others asking to join, and you will be part of a group, called the "catechumenate." You will learn more about how Christians live for a period of about two years. During that time, you will learn that Christians believe in faithfulness to one's husband or wife in marriage. They do not believe that babies who are unwanted should be placed in a public area to die or for others to pick up for whatever purposes they wish. They do not believe in worshiping any god other than the God of Israel, the God and Father of Jesus.

How difficult such a life might be for you depends on who you are. If you are a man who has a mistress, a very common thing in that society, you will have to decide if you are willing to give her up and be faithful to your wife. If you are a woman whose husband has no interest in Christianity, you will have to decide if you can avoid the idolatry that is involved in the worship of the household gods or the worship of the gods of the city or of your husband's profession. What will happen if you have a child and the "paterfamilias," the man who heads the extended family, decides that the child should be abandoned? If you are a slave, how will you avoid the household worship or the exposure or abandonment of your child?

These are very difficult issues. Many members of the church in the second century were slaves or the wives of well-to-do men who were not Christians. The catechetical teaching was not simply a matter of intellectual knowledge. The rules could be taught rather quickly. What might take two or three years was learning how to change one's life. This was not a simple matter. Wives

15

or slaves were powerless people in Roman households. How could they live the lives they were supposed to when there were household gods all were to worship? How could a wife try to alter a marriage in which she had little say? When we read the passages in the New Testament that deal with Christian ethics for households, we need to remember the situation of Christian wives and slaves in the midst of households that were not Christian (See Ephesians 5:21-6.9; Colossians 3:18-4.1; 1 Peter 2:13-3:7). The advice to them may seem very conservative to us, but the goal was to keep them safe so that their witness could continue without creating unnecessary antagonism. The words to husbands and masters are much harsher, since they could alter the situation in the household. Probably most of the wives and slaves were not related to the husbands and masters in the congregation, but rather were the only members of their households to be Christians.

After about two years of such teaching, on a Wednesday three and a half weeks before Easter, if the teacher of the group and the bishop believed you were ready, you would be brought before the congregation. At that time the congregation was asked if anyone knew any reason why you and the other candidates should not be baptized. Members might speak up and say that they knew a man still had a mistress. Or they might mention that a woman had been seen going into the Temple of Diana with her in-laws. These would be clear signs that these candidates had not yet made the kind of break with their former life that was necessary. Therefore, it would be recommended that they stay another year as a catechumen and work on those issues. Such people were not totally rejected, but there was a realization that the Christian life was a complete break with many of the characteristics of Roman life, and that could take time to be accomplished.

Throughout the period of the catechumenate, candidates were encouraged to continue being part of the service of the Word. But when the time came for the Lord's Supper, catechumens were blessed, prayed for, and dismissed. Those who were not baptized could not be present at the Lord's Table. It was not so much that it was a secret ceremony, but rather it was so emotionally intense, so much the center of what it meant to be a Christian, so clearly the way in which Christ the Head and his body were brought together, that it would be painful to be there and not able to participate. Only those who were receiving communion could be present at the celebration. Therefore, even if you were now pronounced ready for baptism, you had never been present at the central act of worship of the church. You did not know what happened there, only that it was viewed as the most sacred and important event in the weekly life of the church.

The baptismal ceremony was quite elaborate. After all, you had been preparing for at least two years for this event. It was to mark an enormous change in your life. But this long time of preparation was necessary, once the church moved out of the familiar territory of the Jews and the God-fearers. In fact, the practice of the catechumenate, often under others names, has generally been practiced wherever the church has been in mission in an area that does not know the God of Israel. That is to say, the church has always needed to be sure that those to be baptized were not simply adding Jesus to the household gods they already worshiped. Nor could they become Christians if their behavior was that of the wider, pagan society. Especially in regard to the relationship of husbands and wives, and parents and children, the church was very different than most societies. The need to be generous to the poor, to help those in need, to care for neighbors even when they are not part of the church, all of this the catechumens had to learn. They needed to show that they could live the kind of life that they were agreeing to in baptism.

As already mentioned, the final decision as to who among the catechumens was ready to be baptized occurred on a Wednesday, three and a half weeks before Easter. You and the others accepted as ready now were given more intense preparation, particularly in terms of doctrine. You learned the Lord's Prayer and the confession of faith you would be agreeing to at your baptism. The confession of faith used at baptism was generally referred to as the "rule of faith." Each city had some variation of it, but in general if followed the pattern of the one used by the church in Rome, a rule of faith that eventually became what we know as "the Apostles' Creed." The form was Trinitarian. That is to say, it was written in three paragraphs: one about the Father, one about the Son, and one about the Holy Spirit, thus following the baptismal formula itself, "in the name of the Father, and the Son, and the Holy Spirit." In Rome, it read as follows:

17

I believe in God the Father Almighty;
and in Christ Jesus, his only-begotten son, our Lord, who was born
of the Holy Spirit, and the Virgin Mary, who under Pontius Pilate,
was crucified, and buried, in the third day rose from the dead, as-
cended unto heaven, and sat at the right hand of the Father, from
whence he shall come again to judge the living and the dead;
and in the Holy Spirit, the holy church, the remission of sins, and
the resurrection of the flesh.

This final preparation was conducted by the bishop. The earlier two years or so you had had teachers who were trained for this work. The teachers probably were connected to smaller gatherings of Christians, whereas the bishop was over all the smaller gatherings in the city, and for this reason he did not teach the catechumens until their final preparation for baptism.

The baptismal ceremony was rather complex. After all, you would have been preparing for it for at least two years. It must signal a radical change in your life. Your baptism occurred on the Saturday night before Easter, scheduled so that all would be baptized and made part of the church as they celebrated Easter.

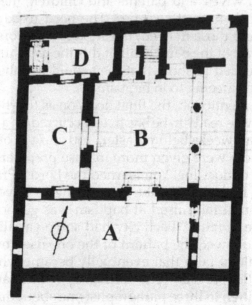

Fig. 1. Floor plan of the church in Dura-Europos. This plan helps us understand the celebration of baptism in the early church, as described in chapter 2.

In the second century, Christians were not a legally recognized group. They could not own property as a church—although they could be organized as "funeral societies." If a well-to-do member had a large home, that might be the place where they gathered. Someone might even have given them a house they could use for their worship, and they could modify it for their purposes. Archeologists have discovered one such house-church that dates from the third century —the church of Dura-Europos, near the border between the Roman and Persian Empires.

Christians were always in danger of persecution, although there were periods of peace when persecution was limited to certain areas. Even their worship, therefore, had to be somewhat clandestine. Sunday was simply a regular work day, so their worship had to be early in the morning before they went to work. All of this meant that Christians gathered quietly, early in the morning or, in the case of Easter, late on Saturday night, in a non-public way.

The rest of the year Christians in a city would gather in many small groups across the area, but they still considered themselves one church, with one bishop or leader for all of the gatherings. On Easter, however, all the house-churches would be together. Imagine a small city that had ten house-churches, each with ten to fifteen regular members. They probably met every day, early in the morning or after work, often for a meal together that they called a "love-feast." Catechumens might be part of these groups. They prayed together. They might not read Scripture, since copies were very expensive, hand-copied on parchment. Probably there was only one copy of the Old Testament and New Testament in the city. Many of the Psalms might be memorized and said regularly, just as they had in the synagogue. On Sunday, several house-churches gathered together. It might be all the Christians in the city if that were feasible in terms of distances. But on Easter, they really wanted to be together. In the ruins of the modified house discovered by archeologists (see fig. 1, on p. 18), two large rooms had been put together, the wall between them removed, and a platform put at one end. On Easter Eve, this room (see fig. 1, "A") is where the congregation would have gathered. The room would have held about a hundred people standing. (There were no pews or chairs in the early church!) The houses of wealthy Romans generally had no windows to the outside, and only one door. All the rooms opened into the central open-air atrium ("B"). On the other side of the atrium from where the congregation sang and prayed, a room ("D") had been altered to have a baptistry . The baptistry resembled a small bathtub (see fig. 2). It had paintings on the wall around it and the arched ceiling over it. The panels around it and on the ceiling were decorated with images and pictures that referred to passages in Scripture where water played an important role: Noah and the ark, the crossing of the Red Sea, the rock of Horeb, etc. A person could step into the baptistry, kneel down, and have water poured over him or her. It was not deep enough for an adult to be under water.

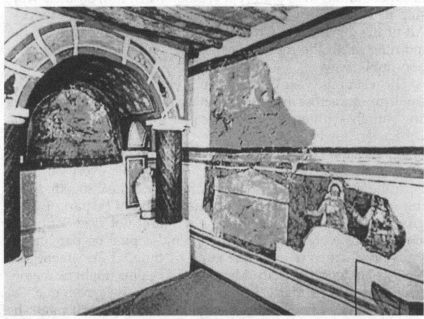

Fig. 2. The baptistry at Dura-Europos. The actual font looks rather like a tub or a coffin, with paintings showing Jonah, Noah, the crossing of the Red Sea, and other biblical types or figures of baptism. Baptism was seen as a dying with Christ as well as a washing from sin.

Thanks to the relatively recent discovery of a text that describes how baptism was celebrated on the eve of Easter in second-century Rome, we know much of what was then done. All the catechumens gathered in room next to the baptistry ("C"). They were led into the room for baptism in groups: children, men, and women. It is clear that small children were baptized because we are told that if a child is too young to answer the questions, an adult, presumably a parent, will answer for them. With such a difference between the life expected of Christians and that of the surrounding culture, it was assumed that a child raised in a Christian family would indeed be part of this new community. This is similar to our current practice in terms of citizenship: if parents of small children become citizens of a different country, their young children and those born later will also be citizens of that new country.

The candidates for baptism were separated by gender because once they entered the room for baptism, they removed their clothes, since they were to be baptized naked. Baptism was a new birth into the new creation, and just as we were naked in our first birth, so we were to be in our second. For this reason also, the congregation was not present. Women deacons or other female personnel assisted in the baptisms of women so that modesty was preserved. Individually, candidates, outside of the baptistry itself, were asked if they renounced Satan, the powers of evil, and the temptations of the world. That is, were they prepared to live a life very different than that of the surrounding society. When they answered affirmatively, they then entered the baptistry itself. There they were asked if they believed the confession of faith, used in question form. So you would be asked: "Do you believe in God the Father almighty, maker of heaven and earth?" You would answer: "I believe." Then a pitcher of water was poured over you. You were then asked the question about the Son, and when you answered that you believed, a second pitcher of water was poured over you. Then, a third pitcher of water was poured over you when you responded affirmatively to the question about the Holy Spirit. In other words, the mode of baptism was not exactly like any we use today: they were not immersed, but they were totally wet.

The anointing

After you stepped out of the baptistry, you put on a white robe. So many passages in the New Testament refer to taking off the old life and putting on the new, and here it was exemplified in the shedding of the old clothes and putting on the new after baptism (see for instance Colossians 3:9-12). Many poorer people in this period had only one set of clothes. New clothes were a rare event, and it made it very clear that you were entering a new life. After you were baptized and clothed with a white robe, you were taken to the bishop, who anointed you with oil on the forehead, with the sign of the cross. The oil was called "chrism," which is an olive oil with fragrance added. Israel used chrism for the anointing of kings and priests. Jesus is called "the Christ" because he is the anointed one of God, the ultimate priest and king. Those newly baptized were now "Christed" or anointed with chrism. You are now part of the royal and priestly people of God, as we read in 1 Peter 2:9-10:

> But you are a chosen race, a royal priesthood, a holy nation, God's own people, in order that you might proclaim the mighty acts of him who called you out of darkness into his marvelous light.
>
> Once you were not a people,
> but now you are God's people;
> once you had not received mercy,
> but now you have received mercy.

When all the candidates had been baptized and , then Easter began. You formed a procession of the newly anointed, in your white robes, into the midst of the congregation that had been praying and singing, awaiting your arrival. Just as Jesus had risen from the dead on Easter morning, so all of you, these newly baptized, have risen from your old lives and joined the Body of Christ, the church, by baptism. Eternal life has begun, just as the new creation has begun. Now, for the first time, you could be present for the Eucharistic service, the Lord's Supper.

The prayers of the people

Before the Supper, however, came some prayers in which you and the other catechumens had never participated before. These were called "the prayers of the people." You had been present in the early part of the services for several years, but there the prayers were of confession, or of thanksgiving, or of praise. But the prayers of the people were something very different. These were prayers of intercession, asking God on behalf of others. These included prayers for the emperor who might even be persecuting the church, prayers for enemies of the church, prayers for the sick and dying of the world, prayers for peace, etc. The church was interceding with God on behalf of the world, especially those in the world who could not pray because they did not know God. These are priestly prayers, prayers that Christians could offer to God for others because they are part of the priestly people of God.

Such prayers have a long history. In Exodus, after the covenant had been made at Sinai, Israel is called a priestly people (Exodus 19:6). Remember the story of Abraham bargaining with God in order to save the city of Sodom. God finally agreed that if ten righteous men could be found there, the city would not be destroyed (Genesis 18:16-33). From this, the Jewish tradition believed that whenever there were ten Jewish men who gathered for prayer, the city in which they gathered would be safe from harm, even though those ten were the only faithful ones there. Early Christians also believed that their prayers could preserve the world (*Epistle to Diognetus*, vi). All of you who had just been baptized now took your place as part of the priestly people, interceding for the whole world. For many of your group, especially those who really were on the fringes of Roman society, the sense that they now could be part of a group that even the emperor needed, even though he did not know it, was indeed a new sense of importance and significance.

The Eucharist

When the prayers of the people concluded, the Eucharistic service began. By now, gatherings of the church were sufficiently large that it was no longer possible to have a whole meal. Only the bread and wine were served. We know from the Easter service that has been preserved that even as early as the second century, the great prayer of thanksgiving began with the words of the bishop:

The Lord be with you.

To which the congregation responded:

And also with you.

The bishop then said:

Lift up your hearts.

And the congregation replied:

We have lifted them to the Lord.

The bishop said:

Let us give thanks to the Lord our God.

The people responded:

It is meet and right so to do.

Then the bishop began the prayer more specific to the time and place. These were not written prayers, but rather the bishop is told to pray as best he can. What is clear is the structure of the prayer. At Easter, the bishop would obviously give thanks particularly for the resurrection of Jesus and the hope that it brings to the world. At Pentecost there would be gratitude for the gift of the Holy Spirit. This would be a fairly brief prayer, ending with words such as:

And therefore with angels and archangels and all the company of heaven we give you praise saying:

And the congregation would repeat the ancient prayer called the Sanctus:

Holy, holy, holy, heaven and earth are full of your glory. Etc.

Then the bishop would continue in a very Trinitarian fashion, giving thanks to the Father for the work of creation, the leading of Israel, the work of the prophets, all culminating in the time when the Father would send the Son. The prayer would then briefly outline the work of Christ, leading to his death and resurrection. The words of institution of the Lord's Supper would be included. This would be followed by a prayer asking that the Holy Spirit bless the bread and wine that they would be the means of uniting us with Christ. Then, the congregation would join in the Lord's Prayer. You could now join in this prayer because it was one of the things you had learned just before your baptism.

This Eucharistic prayer gave you a sense that, though you might be part of a fairly small group gathered in the city that barely knew the church existed, you were part of a vast company, made up of all the Christians around the Empire as well as those who had died and were now part of the church triumphant. All

24

were gathered with the same Lord in this supper. And in their song they were joined even by angels and archangels!

After this, the whole congregation would share in the bread and the cup. On Easter, there was an addition for those who had just been baptized. You received the bread, but then you drank from three cups. The first was water, so that you could be baptized on the inside as well as the outside of the body. The second was a chalice of milk and honey mixed, to show that by baptism you had not only been freed from the power of sin and death, as in a form of Exodus from slavery, but you had also crossed the Jordan and stepped foot in the Promised Land, the Kingdom itself. Then you received the chalice of wine, as did the whole congregation.

You had not been told in advance what the service of baptism and communion would be like. You had been declared ready to celebrate it, but not given the directions. For you it was an astonishing and meaningful ritual, showing in action and not just in word, what happened through baptism. That night, Sunday evening, in a special service for the newly baptized, you would be told the meaning of much that you undergone, explaining in more detail the significance of the various actions. You would wear your white robe in the gatherings of the church for the next week, celebrating your new birth. You were no longer a catechumen. Now you were a "neophyte," one newly born into the body of Christ.

We have some of the sermons St. Augustine preached to these neophytes on Easter Sunday night. The text from 1 Corinthians 10:16-17 seemed to be his favorite for such an occasion. It reads: "The cup of blessing that we bless, is it not a sharing in the blood of Christ? The bread that we break, is it not a sharing in the body of Christ? Because there is one bread, we who are many are one body, for we all partake of the one bread." In one of his sermons he points to the process they had completed in their baptism the night before, and said:

> In this loaf of bread you are given clearly to understand how much you should love unity. I mean, was that loaf made from one grain? Weren't their many grains of wheat? But before they came into the loaf they were all separate; they were joined together by means of water after a certain amount of pounding and crushing. Unless wheat is ground, after all, and moistened with water, it can't

possibly get into this shape which is called bread. [Augustine then refers to the long period of preparation for baptism as a time of pounding and crushing. Then he continues.] Then came baptism, and you were, in a manner of speaking, moistened with water in order to be shaped into bread. But it's not yet bread without fire to bake it. . . . So the Holy Spirit comes, fire after water, and you are baked into the bread which is the body of Christ. And that is how unity is signified. (*Sermon 227*)

In a sermon on another Easter evening, Augustine said:

In order not to be scattered and separated, eat what binds you together; in order not to seem cheap in your own estimation, drink the price that was paid for you. Just as this turns into you when you eat and drink it, so you for your part turn into the body of Christ when you live devout and obedient lives. . . . So you are beginning to receive what you have also begun to be. (*Sermon 2283*)

We can see that for these early Christians the process of becoming part of the church had enormous significance.

What this means for us today

First, when we look at the changes that occurred in the process of becoming part of the church from the period immediately after Jesus through the second century of the church's life, it is clear that there has been great transformation from a simple ceremony to a much more complex and dramatic one. These changes were for good reason: the move out of a Jewish context into a Gentile culture that could easily misunderstand the Gospel.

The church in more recent times has gone through a similar process. For centuries, throughout the Middle Ages, it could be assumed that everyone born in Europe was a Christian, except for Jews, who generally formed separate communities. At the point of the Protestant Reformation in the sixteenth century, there were obviously great differences between Protestants and Catholics, but they agreed on the basic content of the faith: only one God who was the creator of all, the true incarnation of the Son of God, his death and resurrection, the Trinity. The issues had more to do with how individual Christians could access the grace and forgiveness gained through the death of Christ. These were questions of the greatest importance. But one could still assume that people knew who Jesus was. In our own time, one can no longer assume such knowledge. Areas that were once strongly Christian are now either quite secular or else migration patterns mean that there are many new residents who come from non-Christian parts of the world. It is no longer easy to separate mission areas and Christian parts of the world. Even where it was once dominant, the church is now in the midst of people who know little or nothing about the faith.

Congregations throughout the world need to look at the process by which new members are added to the church. Is there a period of training, making clear that the person needs time and information in order to know if they really wish to be part of this community. Are they aware that such membership may make their life in the rest of the world more difficult? But will it? Has the congregation itself become so comfortable in the society that it is like salt that has lost its savor? In other words, a congregation that intends to have a strong process for new members needs first of all to be very clear about its own Christian identity. Also, a congregation that develops a program for new members—a form of catechumenate—will need to create a strong cadre of members ready to assist these potential converts, to accompany them individually, helping them understand what it means to be a Christian.

Second, the early church possessed a strong sense that in their prayers of intercession they were acting as priests before God for the whole world. They prayed for rulers and nations, for the dying and ill in the world, who were not part of the church. So often in congregations today the prayers deal with concerns of congregation members and friends, but often have little to do with the non-Christian world around them. If there is a serious problem, such as a war or a natural disaster, then our prayers may go beyond our parochial concerns. We lack the sense that we are truly part of the body of the true high priest, Jesus Christ, and therefore are part of his priesthood. We speak of "the priesthood of all believers" but usually we do so in a highly individual form, indicating that we do not need any human priest but Christ alone is our priest. That is true, but it overlooks the way in which we, as the church, are part of Christ's priesthood because we are part of his body.

Third, the early church had a wider understanding of both baptism and the Lord's Supper than we usually have. These wider views were one of the ways in which that church helped members grow in their identity both as Christians. In chapter 2 we shall look at some of the reasons why our contemporary congregations have very different views than the early church. In chapters 3 and 4, we shall look first at baptism (3), and then at communion (4). There we shall see some of the changes that have taken place over the centuries, and why, and we will also be looking at specific passages from Scripture that help us see how the ancient church understood both baptism and communion, and such understandings helped it interpret and apply those passages. In chapter 5 we will see how the church developed a calendar that would help believers identify with the life of Jesus and the gift of the Holy Spirit. Finally, in chapter 6, we shall return to what was formerly called "the service of the Word," focusing our attention on the task of the preacher, then as well as now.

2. Changes in the Life of the Church

$\mathcal{T}$he fourth and fifth centuries saw enormous changes for the church, especially in the western part of the Roman Empire. This is the area in which both the Roman Catholic and the later Protestant churches developed. The Eastern Orthodox had a somewhat different history that does not affect us directly, and so we shall not discuss it here.

The problem of numbers

The church had been a small, persecuted minority within the Empire for all of its existence until the beginning of the fourth century. Persecution had usually been sporadic, not threatening all Christians, but the persecution was increasing rather than decreasing as time went on. There was a major persecution at the beginning of the third century, affecting mostly teachers and new converts. This lasted for a decade or so. In the middle of the third century another serious persecution broke out, and again, lasted for about a decade. Then followed a measure of peace, with little general persecution, until the beginning of the fourth century. Then there was the most serious and wide-spread persecution of all, affecting all believers, not just the leaders.

In this midst of this persecution, a new emperor began his domination of the whole empire. His name was Constantine. He began his conquests in the west and quickly moved to the eastern part of the empire, eventually gaining total control. He was convinced that the God of the Christians was the true God, though he himself was not baptized and therefore not part of the church until on his deathbed. He ended the persecutions and from 313 on, he greatly supported the church. He gave money to build new churches—now that there could be legal public buildings. He gave the church tax exemption, the use of the imperial post for communication, exemption from military service for Christian clergy. He declared the day of the Sun a holiday, thus allowing greater ease for worship to Sun-worshipers as well Christians —who had long gathered for worship on the first day of the week. To everyone in the Roman Empire, it was clear that the emperor favored the church. Many people decided that if it was the choice of the emperor, they should make the same choice. Therefore, within the fourth century, the church went from being a small, persecuted minority, a tiny fraction of the whole population, to being the vast majority. By the end of the century, only Christians and Jews could have public worship, and the Christians far outnumbered the Jews, and had the support of the government.

What did this mean for the life of the church? First of all, it became almost impossible to continue the catechumenate. How could there possibly be teachers for all of these people? If a congregation of 150, with two catechetical teachers who trained twenty people over two years now was asked to train six thousand, it was impossible. It was this sort of situation all over the empire that fairly quickly ended the traditional pattern of teaching. Now it was hoped that with the whole culture becoming Christian, these people could be baptized as soon as they requested it and trained afterward. By the fifth century, the church really lost its ability to educate its members seriously as to the character of the Christian life. That was left to the wider culture and to the Sunday service alone.

There was an added problem, however. Many of these new converts joined the church because it seemed the thing to do, not because of any serious desire to alter their lives. There was no longer a threat of persecution. Martyrdom was not a possibility. There was no danger in being part of the church, as there had been earlier. This meant that those who joined had no reason to fear any negative social consequences of their choice, but rather there were positive social reasons to do so.

It is difficult to blame the church for its response. It would be hard to tell possible converts that they would have to wait five or ten years before there would be a place for them in the classes. The change was so rapid, and in many ways so positive, that the church was simply overwhelmed. Christians were grateful that the persecutions had ended, but they were not prepared for the enormous consequences of their new popularity.

A changed theology

In addition to the change in numbers, there also was a change in the theology of the church in the west. St. Augustine, great theologian that he was, left the church with a serious problem that added to the dramatic shift in the church's place in society. Augustine was born in 354 and was a bishop in North Africa in the late fourth and early fifth century. We need not go into great detail here about his understanding of original sin that developed in opposition to the teachings of Pelagius. However true his understanding of sin, his view of baptism that resulted from this view increased the church's problems. Augustine believed that baptism removed the guilt of original sin, with which we are all born, as well as the guilt of any sins committed up to the time of baptism. This meant that if infants, who had no personal sins, died without baptism, they still carried the guilt of original sin, and thus were barred from heaven. Therefore all children born of Christian parents were to be baptized as soon as possible. As the state became more and more open to the church, after Augustine's time there were civil penalties for parents whose child was not baptized within two weeks of birth. Since within a few generations, all except Jews were part of the church, there could be no catechumens. Everyone was baptized almost at birth.

Regardless of what we think of infant baptism, it is one thing to baptize the children of believers who are active in the congregation and whose homes reflect the values of the Gospel, as was done in the second century. It is quite another to baptize everyone, including those whose parents' only connection to the church is for social reasons. The thought that the church could actually educate and form these new members into dedicated

Christians whose lives represented the same values as did those of the catechumens baptized in the second and third century, clearly was an illusion. Granted, because of the new power the church possessed within the society, there were some changes for the better in the society as a whole. However, in many cases the old patterns and attitudes persisted, and the church had little leverage against them since it was now so beholden to the state.

Invasions

There was a third element that drastically changed the life of the church in the West. Rome was taken by a Germanic tribe in 410. As Augustine lay dying in Hippo in North Africa in 429, the Germanic tribe of the Vandals was beginning its assault on the city. They had come across Europe, through what is now Spain, crossed into North Africa at Gibraltar, and swept east across the coastal areas. In the middle of the fifth century, Pope Leo I confronted the Huns who were attacking Rome. Throughout the Western part of the Roman Empire, various groups invaded from the east and from the north. They were pushed by expanding populations and the need for new areas in which to live. The northern part of Europe, beyond the bounds of the empire, had been basically unsettled, without towns and cities. It was largely forest land. Now it became populated by these migrating tribes, who not only settled down, but entered the empire and fairly quickly conquered it. There were Visigoths, Ostragoths, Franks, Burgundians, Lombards, and many others. Some had fairly recently been converted to Christianity, but of the heretical Arian form, through missionaries from the Eastern church when Arianism was in power. The Germanic groups were not particularly interested in the differences between Arian and Catholic theology, but they were separate, and as conquerors, they had little interest in coming under the authority of Roman bishops. Only the Franks, after their move into the West, became Catholic Christians.

By the middle of the sixth century, the western portion of the Roman Empire was, for all intents and purposes, destroyed. Gradually, the various Arian tribes became Catholic, and missions were undertaken to areas not yet Christian, particularly the various Celtic, Angle, and Saxon groups in northern Germany,

Ireland, and Great Britain. With the imperial government weak or non-existent in the West, with various Germanic tribal groups now becoming settled nations in Europe, the only institution that united all of this area in western Europe was the Catholic Church, with its center in Rome.

In the early 7th century, Islam began in what is now Saudi Arabia. It quickly united Arab tribes and spread across the parts of the Middle East, west through Egypt and North Africa, and into Spain and Portugal, to be repulsed only by the Franks when reaching what is today France. The ancient churches in Syria, Palestine, Egypt, North Africa, all were gone or living as minorities under very difficult circumstances. The Eastern Orthodox churches had their own problems because of this. But in the West, the advance of Islam meant that for all practical purposes, the Catholic Church in the West was cut off from much of any connection with the Eastern church and from the continuation of the Roman Empire that still remained in Constantinople. The center of this western church was Rome, but the strength of the church was in the Germanic areas. It was no longer really Roman, though it was the major uniting force of all of these disparate peoples, and it was the vehicle through which ancient Roman culture was, to some degree, transmitted to these new people. What emerged was Europe, a mix of Roman and Germanic cultures, with the church as the vehicle of unity.

How did the church maintain this unity? There were no common languages, for the Germanic groups had their own, as did the ancient Celts. Latin was by this time a dead language, that is to say, it was no one's first language or mother tongue. The church used Latin as a means of unity. It was the language of the church, and, as institutions of learning developed in the later Middle Ages, Latin was the language of learning.

But what did it mean in terms of Christians in local churches? Two things in particular need to be noted. First, with the worship in Latin, it was difficult for the uneducated to understand the service. The Mass was impressive, but could easily be misunderstood. This was made even truer because, for many centuries after the fall of the Western Empire, there were no schools for the training of clergy, many of whom were barely literate and with little or no theological education.

33

However, equally important was the change in theology itself because of the combination of Germanic and Roman cultures that the invasions had brought about. Gregory I, the bishop of Rome from 590-604, was one of the great popes, which is why he is often referred to as Gregory the Great. He was concerned for the mission of the church, both to the unevangelized in the margins of the old empire, and for the conversion of heretical Arian Christians to Catholic orthodoxy. He was very successful in both endeavors. He was an excellent administrator with great pastoral concern. He developed a very simple theology for these new Christians, and it was readily adapted into patterns that meshed well with pre-Christian Germanic understandings.

These groups had had no written language until the church created one for them. The church obviously had to have written language in order to translate the Scriptures. But written languages were readily thought to be rather like the sacred signs that the ancient druids and others used for spells, either good or bad. It was fairly easy to assume that the sacred words that the priest repeated in Latin in the Mass changed reality, turning bread and wine into the body and blood of Christ. It was also easy to think that the formulas for absolution, for baptism, etc. also had this same power. The subtlety of the Roman view of the relation of the bread and wine with the body and blood was lost, and became almost a magical happening, made possible by the power of a properly ordained priest repeating sacred formulas.

In addition, Germanic society had a tribal justice system. If someone in your tribe or extended family was killed or injured by someone from another tribe, it was up to the family to take retribution. This had been softened over time in order to permit a payment instead of injuring the offending party. So a human life was worth so much gold, depending on the social status of the person killed. It was an easy step from this to see how human sin against God had created a debt that had to be paid. Though there are elements of the substitutionary atonement theory both in Scripture and in ancient Christian thought, it now became the only mode of understanding the work of Christ.

Furthermore, the payment for sins that we commit after baptism was a major concern. The idea of purgatory was strengthened at this time because it was clear that few Christian had paid for their sins before they died. Each Mass became a new, unbloody resacrifice of Christ, a sacrifice that adds to the payment for sins. From this arose the practice of saying masses for the dead or for rich people who paid so that masses could be said in their name.

Therefore, for medieval worship, the Sunday service, though held on Sunday, was really a Good Friday service, a re-enactment of the sacrifice of the cross. The earlier understanding that Sunday was the joyful feast of the resurrection, of the reunion of the faithful with their risen Lord was gone.

In other words, much of what later became quite objectionable in Catholic theology was not originally Roman theology but was strongly influenced by the Germanic culture in which the church in the west found itself after the sixth century.

The later Middle Ages

From the seventh century until the dawn of the Protestant Reformation in the sixteenth, patterns that had begun in the centuries immediately before took root and developed. In terms of baptism, because of the necessity of baptizing newborn infants, immersion no longer was the general practice. This was especially true when the majority of the church was in the northern areas where baptizing an infant by immersion in the winter would have been a dangerous practice. The anointing with oil by the bishop which had followed baptism immediately in the ancient church now was separated from baptism. The local priest did the baptism and the bishop most likely was not there. In fact, precisely because baptism was so essential for salvation, lay persons could baptize in an emergency. Often, in the case of a newborn who did not appear healthy, the midwife baptized. The anointing with oil by the bishop, now was viewed as a separate sacrament called "Confirmation," and was required when children came to the age of accountability and were ready to confess their sins and receive their first communion. Thus what had once been a unified event now became three distinct ones: baptism, confirmation, and first communion.

Precisely because of the understanding that something miraculous and fearful had taken place in the Mass, the common people were frightened to touch the bread and wine. They feared dropping it or in some other manner committing a sacrilegious act. Therefore, the bread that was used was a wafer that produced no crumbs and hardly seemed like bread. It was placed directly on the tongue of the recipient. Largely at the request of the laity, the cup was withdrawn from them. Apparently many among the Germanics, who traditionally wore large mustaches, feared that it would be difficult for them to drink the wine without dipping their mustaches into it, which would be a sacrilege. Those who received communion needed to be in a state of grace, which meant that they had to have gone to confession shortly before and fasted all day until they received communion. The net result of all of this was that few faithful actually received communion more than once a year. They attended Mass, but did not receive.

Because the service was in a language not known by most of the congregation, and the priests had little education, the sermon generally dropped out of the service. The Scripture was read in Latin, but that meant little to those who did not know the language. There were ways of teaching the stories of the Bible, through sculptures in the churches, through dramas put on at Christmas or Holy Week, the lives of the saints, and the church year itself, about which more shall be said later.

It was not a matter of purposefully keeping the Bible from the people. We need to realize that with the destruction of the western empire, educational institutions disappeared. Literacy was low, and the availability of books very limited and expensive. Knowledge of the Scripture was strong in the monasteries and convents, but the average local priest probably had very little. In the centuries before the Reformation, universities developed and education improved. Often, however, this did not filter down to the level of the local priest, and much less to the laity.

The Protestant Reformation

The Protestant Reformation occurred at a point when education and literacy had become more general because of the growth of cities and towns and the increase in commerce which required literacy. Also, the old Germanic tribes had now become nations culturally, with clear languages that were widespread. In the generation before Luther, the printing press had been developed, along with cheap paper, which meant that books could be printed much more inexpensively. Therefore the Bible could be available to many more people, especially in the towns and cities where literacy was high. Luther translated the Bible into German, and other translations soon followed in other languages. (There had been a few earlier translations, particularly in England, but before the Protestant Reformation, they had been prohibited and therefore had limited circulation.) In addition, because of the printing press, Luther, and then others wrote catechisms for the education of the children as well as the parents who helped their children learn them. This was a major attempt to increase the knowledge of the church's teaching —a teaching that had long been neglected.

Protestant worship reacted against the problems recognized in medieval worship. The sermon was restored to a central place. The congregation could understand the service because it was in the vernacular language. Communion was served with both the bread and the cup and the faithful received it frequently. The fear of it was gone, along with the requirement of going to confession and fasting. Confession was part of the service itself, but there was no requirement of private confession to the pastor. In the Lutheran, Reformed, and Anglican branches of the Reformation, the water of baptism was applied to the head only, as had been the practice in the medieval church. They also held to two sacraments: baptism and Eucharist. In the more radical wing of the Reformation, often called the "Anabaptists," the baptism of believers only by immersion was required. Some groups of Anabaptists held to three sacraments or ordinances: baptism, the Lord's Supper, and feet-washing.

Congregational participation in the service was deemed essential by all Protestant groups. One of the ways this was accomplished was by hymn-singing. Psalms set to metrical tunes, other hymns based on Scripture written for congregational use became extremely popular in most Protestant churches, although there were differences of opinion as to what musical instruments could be used. Though the Reformers clearly overcame many of the serious problems of medieval worship, in terms of the Lord's Supper, it largely remained a Good Friday service and the early church emphasis on the resurrection as the major theme of the Supper was not restored.

In the centuries after the Reformation, there were many changes in terms of how central the sermon, how frequent the Lord's Supper, and how important baptism was considered. Because most of the missionaries who came to Latin America came from English-speaking countries, we shall follow that branch of Protestantism more specifically. Because the Anglicans were not as active in Latin America as other groups, we shall say little more about them. The major influence on English-speaking Protestants was the Reformed tradition, a tradition that began in Switzerland. In terms of worship, the influence was from Ulrich Zwingli in Zurich rather than from John Calvin in Geneva. Unlike Calvin, who wished to celebrate communion every Sunday, Zwingli wished it to be four times a year. For the first time, the congregation remained seated and the elements were brought to them, rather than their going forward to receive them. Zwingli wished no music and no art in the church, for fear it would detract from the sermon. Calvin wanted the singing of psalms and other hymns. For many generations, the Puritans, the inheritors of the more Zwinglian tradition, debated the issues of musical instruments in church and singing hymns other than Psalms, stained glass windows, or the use of the cross, candles, or other symbols.

The Pietist or Evangelical movement in the eighteenth century had a great impact on English-speaking Protestant services of worship. The Baptist and Methodist churches developed strongly at this time, but the older churches, especially the Presbyterian, were also affected, as were other groups that developed in the nineteenth century. The Pietist movement led to revival services and produced a new hymnody that reflected the revivals. Sermons often were aimed at conversion, rather than the development of the faith of those already converted.

In the United States, in the mid-nineteenth century, the temperance movement developed, which opposed the use of alcohol. This was very strong in many of the Protestant churches. For a while, wine continued to be used in communion because there was no alternative. Grape juice would remain grape juice for only a week or two after the harvest. Then it would turn into either vinegar or wine. There were no ways to preserve it until later in the nineteenth century with the invention of the vacuum seal jar. A Methodist layman named Welch began processing grape juice in vacuum sealed bottles for the purpose of having a non-alcoholic grape juice for use in communion in churches that were influenced by the temperance movement. This meant that most Baptist, Methodist, Presbyterian, and Congregational churches stopped using wine and began using grape juice. Lutherans and Episcopalians continued to use wine, since they were not as influenced by the temperance movement and they saw no biblical justification for the change.

Communion continued to be served in common chalices, using grape juice. In some churches, people came forward to receive the bread and the cup. In others, the people remained in the pews, and the chalices and the bread were passed through the pews. In the late nineteenth century, scientists discovered that there were germs that caused diseases. These germs could be killed by certain compounds, including alcohol. There was a new emphasis on hygienic practices, and churches that used grape juice realized that without alcohol in the cup, there was a danger of infection with the use of the common chalice. Therefore, around the end of the nineteenth century and the beginning of the twentieth, those congregations that used grape juice began using little individual cups rather than the chalices.

The Evangelical Revival movement had other consequences. Especially in those churches whose origin had been in the revivals, the Sunday service itself took on much of the character of a revival meeting. The sermon was geared to conversion, to making a decision to become a Christian. This was an important feature of the evangelistic meetings, but when it became dominant in the Sunday worship it meant that those who were already Christians were, in a sense, called to start over every Sunday. There was little sense that those who are already faithful Christians need assistance in growing in their faith. It also meant that there was little consideration of what it meant to be a congregation, to grow in faithfulness as a congregation. Evangelistic services are by their very nature individualistic, geared to individuals making a decision. There is little place for a corporate sense of what it means to be the church rather than what it means to become a Christian. It was as though the sermon was for someone else, for those non-Christians who had come to the service. It also meant that the major event in Sunday worship was the sermon. The Lord's Supper was probably infrequently celebrated–perhaps four times a year or even less. In addition, since the function of the sermon was conversion, there was little place for the church year, since everything was focused on the death of Christ for salvation. It was as though every Sunday was Good Friday in its theme.

It was not really until the twentieth century, partly because of discoveries of new manuscripts from the early church and partly because the situation of the church in traditional areas of Christianity began to change dramatically, that a new appreciation of the difference between what the early church understood and our own practices began to develop. The result was what has been termed the liturgical renewal movement began. It has affected Protestant and Catholic churches alike, though in any specific congregation, patterns may be very slow to change.

The liturgical renewal movement

In the late nineteenth and the early twentieth centuries there were significant discoveries of early documents that dealt with the worship of the early church. One of these was *The Rite of Hippolytus*. A second was *The Didache*, which had been known, but thought to be much later. With these documents in hand, a well-known one, the *First Apology* of Justin Martyr, took on new significance, because its description of early worship could be interpreted in the context of the fuller information these other documents provided. (In the appendices at the end of this book you may find excerpts from some of these documents.) Even more, with this information, passages in the New Testament were also seen in a new light.

This renewed interest in early worship went across denominational lines as well as affecting both Protestant and Roman Catholic forms. In the Second Vatican Council (1962-1965) the Catholic Church dramatically altered the form of the mass that brought it much more in line with second century worship. Episcopal, Lutheran, Presbyterian and Methodist churches, as well as others, made similar changes at the same time. Scholarship about early worship was very ecumenical and the new cultural situation faced by all of these churches was also similar.

Obviously, there is no slavish following of early forms. Most churches would far prefer to have baptisms in the midst of corporate worship, and therefore those being baptized are clothed. All worship forms need to be adapted to the culture, both in using elements of the culture and in responding to those parts of the culture that are opposed to Christian values. As we will see in the next two chapters, neither baptism nor the Lord's Supper can simply follow the form of the New Testament. The second and third centuries made the changes they deemed necessary. We can follow their example in order to address the challenges and opportunities we face in the twenty-first century.

At the same time, the Bible remains the basis of our understanding if not an exact guide to worship practices. Therefore, in the next two chapters we shall look again at both baptism and the Lord's Supper in the light of biblical texts that deal with the meaning of these celebrations in the life of the church.

3. Baptism Then and Now

Meanings of baptism

Most of us, when we look at the early services of baptism, are struck by the variety of meanings included in the service. We are accustomed to very few: public confession of faith in Jesus as Savior and Lord; washing away the guilt of sin. If we practice immersion, then dying with Christ is signified, though often it is not clearly explained. If we look at the early meanings, we can see that they are decidedly biblical. In fact, for centuries the church has neglected much of what the New Testament understands about the significance of baptism.

The New Testament cannot be used easily as a plan for worship. We are not told an order for worship. We are not given directions about music. We are not told how often they had communion (although from other early sources we know it was at least every Sunday), how it was served, what exactly was used. In terms of baptism itself, both those who hold to infant baptism and those who oppose it can find passages that may support them. If the authors had intended it to be a book of directions, surely they would have been clearer about what was to be done.

However, there are many hints as to the meaning of baptism and the Lord's Supper, given to us in the midst of arguments about something else. Paul refers to baptism when he wants to show that the social distinctions of the Roman Empire are overcome in the church. So he writes to the Galatians:

> For all of you who were baptized into Christ have clothed yourselves with Christ. There is neither Jew nor Greek, there is neither slave nor free, there is neither male nor female; for you are all one in Christ Jesus. (*Galatians 3:27-28*)

Yet from his argument about their unity and equality we are also told that baptism is "into Christ." That is not a phrase we often use. But for the early church, baptism really did mean being grafted into the body of Christ, made one with Christ and with one another. The term being "clothed with Christ" is also interesting. The white robes used for the newly baptized in the second century were a way of signifying this. In his letter to the Romans Paul tells them to "put on the Lord Jesus Christ" (Romans 13:14).

For many of us, baptism is an individual matter. It is when we, individually, confess our faith and become part of the church. Or it is when our sins are forgiven. All of this is true, but our individualism hides so many of the New Testament's understandings. Baptism was individual, personal—by name. This was obviously very important. But baptism also meant being added to the body of Christ, joined to the other members with whom one worshiped and lived. It changed our relationship to all these other people and to numerous believers in other parts of the world. We were now part of a new family, a new people, with a new identity that was much more important than any identity we had had in the world before. One reason why baptism normally includes only the given names and not the family names is because it does remove us from our family of birth and adopts us, grafts us, into the family of Christ. In one sense, the family name of all the baptized is "Christian."

Let us look at a few extended passages that weave together various meanings of baptism, all in the service of speaking about the Christian life and not directly explaining baptism. We will look at two passages from Paul and two from 1 Peter.

Romans 6:3-11:

(3) Do you not know that all of us who have been baptized into Christ Jesus have been baptized into his death? (4) Therefore we have been buried with him by baptism into death, so that, just as Christ was raised from the dead by the glory of the Father, so we too might walk in newness of life.

(5) For if we have been united in a death like his, we will certainly be united with him in a resurrection like his. (6) We know that our old self was crucified with him so that the body of

44

sin might be destroyed, and we might no longer be enslaved to sin. (7) For whoever has died is freed from sin. (8) But if we have died with Christ, we believe that we will also live with him. (9) We know that Christ, being raised from the dead, will never die again; death no longer has dominion over him. (10) The death he died, he died to sin, once for all; but the life he lives, he lives to God. (11) So you also must consider yourselves dead to sin and alive to God in Christ Jesus.

Paul is writing to the Romans, a church he did not found, trying to allay their fears that he has discounted his Jewish heritage. The Roman church evidently was much more Jewish than the churches he had founded in Asia Minor, and they had heard rumors that his stress on Gentile converts had lessened the importance of the promises made to Israel. Paul planned to visit the church in Rome, and hoped for their help in a planned missionary journey to Spain (15:23), so he is eager to explain his understanding of the relation of Jewish and Gentile Christians. This is clear in the first five chapters, where the stress is on the need for grace for both Jew and Gentile. Neither Jew nor Gentile had fulfilled the Law. Grace has been given to both in Christ, but it demands newness of life for both.

In chapter six, Paul argues from their common baptism that new life is expected for all Christians. Baptism joins us to the death of Christ. In baptism we are buried with him. The baptistries that are shaped like a cross or like a coffin show this connection with death very clearly. Immersion makes it an even sharper sign.

Just as Christ was raised from the dead, so those who are baptized leave the grave of baptism and are raised to a new life. In baptism we are joined not only to his death but also to his resurrection. Our old life was crucified with Christ. Our new life has been given to us in his resurrection. Our death in Christ frees us from our previous slavery to sin and makes available to us a new life in Christ, a life of righteousness.

In this passage we are told very little about how baptism was performed, how much training was needed, how old people should be, and so forth. But we are told a great deal about how the Christian life is tied to baptism. Something real has happened to us. It is not just that Christ has died for us, magnificent

45

as that is, but that we also have been crucified with him. We have died with him, ending our old life of sin. Even more, we have been raised with him, and are now part of a new life that his resurrection began for us.

The second passage is quite long, but emphasizes again the connection between being in the body of Christ and the life we are to live.

Colossians 2:6-3:15:

(2:6) As you therefore have received Christ Jesus the Lord, continue to live your lives in him, (7) rooted and built up in him and established in the faith, just as you were taught, abounding in thanksgiving.

(8) See to it that no one takes you captive through philosophy and empty deceit, according to human tradition, according to the elemental spirits of the universe, and not according to Christ. (9) For in him the whole fullness of deity dwells bodily, (10) and you have come to fullness in him, who is the head of every ruler and authority. (11) In him also you were circumcised with a spiritual circumcision, by putting off the body of the flesh in the circumcision of Christ; (12) when you were buried with him in baptism, you were also raised with him through faith in the power of God, who raised him from the dead. (13) And when you were dead in trespasses and the uncircumcision of your flesh, God made you alive together with him when he forgave us all our trespasses, (14) erasing the record that stood against us with its legal demands. He set this aside, nailing it to the cross. (15) He disarmed the rulers and authorities and made a public example of them, triumphing over them in it.

(16) Therefore do not let anyone condemn you in matters of food and drink or of observing festivals, new moons or sabbaths. (17) These are only a shadow of what is to come, but the substance belongs to Christ. (18) Do not let anyone disqualify you, insisting on self-abasement and worship of angels, dwelling on visions, puffed up without cause by a human way of thinking, (19) and not holding fast to the head, from whom the whole body, nourished and held together by its ligaments and sinews, grows with a growth that is from God.

(20) If with Christ you died to the elemental spirits of the universe, why do you live as if you still belonged to the world? Why do you submit to regulations, (21) "Do not handle, Do not taste, Do not touch"? (22) All these regulations refer to things that perish with

use; they are simply human commands and teachings. (23) These have indeed the appearance of wisdom in promoting self-imposed piety, humility, and severe treatment of the body, but they are of no value in checking self-indulgence.

(3.1) So if you have been raised with Christ, seek the things that are above, where Christ is, seated at the right hand of God. (2) Set you minds on things that are above, not on things on earth, (3) for you have died, and your life is hidden with Christ in God. (4) When Christ who is your life is revealed, then you also will be revealed with him in glory.

(5) Put to death, therefore, whatever in you is earthly: fornication, impurity, passion, evil desire, and greed (which is idolatry). (6) On account of these the wrath of God is coming on those who are disobedient. (7) These are the ways you also once followed, when you were living that life. (8) But now you must get rid of all such things—anger, wrath, malice, slander, and abusive language from your mouth. (9) Do not lie to one another, seeing that you have stripped off the old self with its practices (10) and have clothed yourselves with the new self, which is being renewed in knowledge according to the image of its creator. (11) In that renewal there is no longer Greek and Jew, circumcised and uncircumcised, barbarian, Scythian, slave and free; but Christ is all and in all!

(12) As God's chosen ones, holy and beloved, clothe yourselves with compassion, kindness, humility, meekness, and patience. (13) Bear with one another and, if anyone has a complaint against another, forgive each other; just as the Lord has forgiven you, so you also must forgive. (14) And above all, clothe yourselves with love, which binds everything together in perfect harmony. (15) And let the peace of Christ rule in your hearts, to which indeed you were called in the one body. And be thankful.

Paul knows the church in Colossae, and is afraid that they are being swayed by strange teachings, evidently Judaizers who would have them keep all of the Jewish food and ceremonial laws, and perhaps by some Gentile, pagan groups. He begins his letter by showing how completely Jesus is Lord, and has opened the way for us to be freed from all other powers. In 2:6-8, he urges them to keep to the Gospel as they were taught, and not be persuaded by other doctrines. In verses 9-10, he reminds them that Christ is the only Lord, the fullness of God is in him, and we have been made complete because we have been joined with him. In verses 2:11-13, Paul parallels baptism and circumcision. Baptism gives us a circumcision not made with hands. We were sinful people, not part of God's people, until baptism gave us a new, circumcised life.

The stress on circumcision is significant. In this letter, it does two things. First, it tells the people that they do not need a physical circumcision, as the Judaizers tell them. They are circumcised through their baptism into Christ. Secondly, it makes the parallel, that just as circumcision was the ancient sign of incorporation into the people of God, so baptism is the new sign of that incorporation. Again, baptism is not just an individual matter: it involves being made part of a new community, a new family, a new body.

This is a very important factor. We often view the Bible as a book written to the whole world. In reality, however, it is a book written for the people of God. It tells them who they are. It gives them their history, the good and bad parts of it. It calls them to remember their true identity and not fall by the wayside as their ancestors, both in Israel and in the church, often did. It tells them what God expects of God's people, the purposes for which they have been called. In one sense, we could say that the Bible is our book, written directly to and for us, because we are baptized. It has a claim upon us, not because it is good advice, but because we are part of God's people. Certainly it could be a book for everyone, because it calls everyone to faith. But its authority is not in its common sense but in how it addresses the people of God.

Circumcision was the sign of the covenant people of Israel. Obviously, it was a sign that could only be given to boys, but the only boys who could be circumcised were those born of a Jewish mother. Within Christianity, both male and female can receive the sign of incorporation, regardless of their natural parentage. In the Reformed tradition, the parallel between baptism and circumcision was often used to affirm infant baptism, since a Jewish boy was circumcised on the eighth day after birth. Calvin in particular uses this argument. Such infant baptism, however, could be administered only to those who could be expected to grow up within a family of faith, just as only those born within Israel were circumcised.

In verses 2:14-17, Paul shows that the resurrection of Christ is his triumph over all other powers, powers of sin, of the law, and

48

of all other authorities. Therefore we should not submit to their power again. We are not bound to keep certain days, avoid certain foods or beverages. All of these had their place in Judaism. The laws about food, circumcision, the Sabbath, all were indeed God's laws for the people. But they were foreshadowing the work of Christ. Now that he has come, and his death and resurrection have fulfilled the promises, we are not to go back to the earlier signs of his work. In verses 2:18-19 Paul deals with other teachings that have come into Colossae. What Christians are to do is hold fast to Christ, who is the head of the body. They are to grow and mature as part of this body and not be led astray by strange teachings that would tear them away from the body. Verse 2:20 picks the theme we saw earlier in Romans: In baptism we have died with Christ and therefore are no longer subject to all these other authorities. He grants, in 2:21-23, that these strange teachings do sound like wisdom, but they are not.

Chapter 3 continues the argument. Not only have the baptized died with Christ, they have also been raised with him. They are now with him, in a hidden way, at the right hand of God. Therefore, their lives should be lived out of this wisdom, living a new life of righteousness. In 3:9-14 there is again the image of taking off the old life and putting on the new, paralleled in the early church's practice of taking of the old clothes and putting on the new. The character of the new life in Christ is above all love for one another, shown in not lying, not using abusive language, forgiving one another and gratitude for what God has done for us in Christ. (It is interesting to compare these words to the story of Ananias and Sapphira in Acts 5.) Verses 3:2-10 point out that our new self is being transformed into the person that we were created to be, the image of God. Verse 3:11 is like Galatians 3:27-28, showing that as part of the body of Christ, there is no longer the social distinctions of Roman society, but all are one in Christ, who is in them all.

Finally, both in 3:12 and 3:15 there is the stress on all who are baptized being called or chosen by God to be part of this new people. They were called to be part of one body.

Again, there is little said about how to baptize, when, or exactly whom. But the varied and interwoven meanings are great.

1 Peter 2:4-10:

(4) Come to him, a living stone, though rejected by mortals yet chosen and precious in God's sight, and (5) like living stones, let yourselves be built into a spiritual house, to be a holy priesthood, to offer spiritual sacrifices acceptable to God through Jesus Christ, (6) For it stands in scripture:

"See, I am laying an Zion a stone, a cornerstone chosen and precious; and whosoever believes in him will not be put to shame."

(7) To you then who believe, he is precious; but for those who do not believe,

"The stone that the builders rejected has become the very head of the corner,"

(8) and "A stone that makes them stumble, and a rock that makes them fall." They stumble because they disobey the word, as they were destined to do.

(9) But you are a chosen race, a royal priesthood, a holy nation, God's own people, in order that you may proclaim the mighty acts of him who called you out of darkness into his marvelous light.

(10) Once you were not a people, but now you are God's people; once you had not received mercy, but now you have received mercy.

Although in this epistle the word "baptism" appears only once, in a strange passage in chapter 3—to which we will return—the whole book deals with the meaning of baptism. In fact, some commentators believe this was really a treatise or sermon on baptism that is presented in the form of a letter. In the first chapter the faithful are called chosen ones, those sprinkled with the blood of Christ, born again through the resurrection of Jesus. All of these were terms used about baptism.

At the beginning of chapter 2, there may be a reference to the Lord's Supper—that, as new born Christians, they have tasted the kindness of the Lord. These words from Psalm 34:8— "O taste and see that the Lord is good"—were often used by early Christians in regard to communion.

Verses 2:4-10 are particularly important in showing that those who have been baptized are now part of a new community, a new people, the people of God. Until then, they were no people. Now they are God's people. They are individually living stones, but now they are part of a temple constructed on Christ as the cornerstone. The words applied to them are the words applied to Israel in Exodus 19:6: They are to be a royal priesthood and a holy nation. They are to proclaim to the world how great God is, who has redeemed them. It is this character of a royal and priestly people that the anointing with oil immediately after baptism signified. We have seen that it meant that the baptized could intercede with God on behalf of the world, acting as priests. Their prayers were a form of incense rising to God, like the aroma of the ancient sacrifices.

It is interesting that immediately after saying that the baptized are now part of a new people whereas before they were no people, the text goes on to say that now they are to consider themselves aliens, strangers in the world around them, the world of Roman society (2:11), and uses the term "Gentiles" for those in that world. The language of Israel about itself and about those outside of its number now are used by the church for the same purpose.

Something does need to be said about the passage in 1 Peter that actually mentions baptism in 3:18-22:

(18) For Christ also suffered for sins once for all, the righteous for the unrighteous, in order to bring you to God. He was put to death in the flesh, but made alive in the spirit, (19) in which also he went and made a proclamation to the spirits in prison, (20) who in former times did not obey, when God waited patiently in the days of Noah, during the building of the ark, in which a few, that is, eight persons, were saved through water. (21) And baptism, which this prefigured, now saves you—not as a removal of dirt from the body, but as an appeal to God for a good conscience, through the resurrection of Jesus Christ, (22) who has gone into heaven and is at the right hand of God, with angels, authorities, and powers made subject to him.

Here baptism is paralleled to the Flood, a theme that often appears in early baptistries (see fig. 3, p. 52). At the time of the Reformation Martin Luther wrote a prayer for use in baptisms that is called "the Flood Prayer." Just as Noah and a few other people were saved during the Flood, so Jesus now saves us in the midst of the waters of baptism. We have been washed, not a physical washing of dirt from the body, but the washing of sins from our lives. We are now safely in the ark. What the early church also understood was that just as the Flood began a renewal of creation, so baptism puts us into the community that is a foretaste of the Kingdom. The resurrection of Jesus, who is now at God's right hand, shows that he has conquered all other powers and now is our sole Lord. The early church often used the ark as a symbol of the church—the home of those saved through water of judgment.

Fig. 3. Ancient painting of Noah in the Ark in the catacomb of Priscilla, in Rome, which looks very much like a baptism.

This passage also includes the idea that during the time between the death and resurrection of Jesus he went to the place of the dead to proclaim the gospel, an idea that also was clearly held in the early church.

Finally, we need to mention briefly some other biblical references that the early church used in regard to baptism. Jonah was a favorite and also appears in some baptistries. Jonah was disobedient until he was in the midst of the water and God saved him by means of a fish. When he finally was on dry land, he became obedient, though reluctantly! The word for fish was almost a code word for the Gospel. The first letters of the phrase "Jesus Christ, Son of God, Savior" spelled the word "fish" in Greek. Christians often made the sign of the fish with their thumb and index finger as a kind of secret greeting to others. Tertullian, the second century theologian, calls Jesus "the Great Fish" whom we, as little fishes, follow in baptism.

The Exodus from Egypt and the crossing of the Jordan have already been mentioned in regard to the second century services, but more needs to be said. The Exodus marked not only the release of Israel from bondage but it also led to the covenant with God at Sinai, the mark of their becoming the people of God. Baptism does the same thing for us, releasing us from bondage to sin and death and making us part of God's royal and holy priesthood. Just as Israel was finally brought through the wilderness and into the Promised Land, so also by baptism we have entered into the dawning of the Kingdom. It was for that reason that the newly baptized were given the cup of milk and honey. Many of the African-American spirituals and the hymns of the church use the imagery of "crossing Jordan" for death followed by eternal life. For the early church, as we have seen, eternal life was not something that began after our physical death, but rather it began at baptism, although we still continue in our old life as well as in the new.

There is a very strange passage in Paul's first letter to the Corinthians that makes another argument from baptism, but one which refers to a practice in some of his churches, but which no longer applies. In 1 Corinthians 15:29, as part of his argument that the resurrection of the dead holds a central place in the Gospel, he writes: "Otherwise, what will those people do who receive baptism on behalf of the dead? If the dead are not raised at all, why are people baptized on their behalf?" Our answer would probably be, "We do not baptize on behalf of the dead, even if Paul assumed you could." Clearly, what Paul did or taught could be done is not the last word on what the church today should do. Nowhere else is such a practice mentioned, and the church after Paul apparently did not continue such a practice. In fact, the only group today that does such a thing is the Mormons. Paul's practice seems to have been overruled by the larger church very quickly!

What then are the biblical meanings of baptism? The stress needs to be on the plural, meanings (see fig. 4). Let us list the ones discussed so far:

1. Dying with Christ.
2. Dying to the old life of sin.

3. Rising with Christ, the foretaste of eternal life.
4. Beginning the new life of holiness.
5. Being joined to Christ, engrafted into his Body.
6. The forgiveness of sin, an Exodus from the life of sin.
7. Beginning life in the Holy Spirit, the holy life.
8. Becoming part of the church, which is his Body.
9. Joining the royal and priestly people of God.
10. Entering the Promised Land, the foretaste of the Kingdom.
11. The circumcision of the heart, marked as God's People.
12. Being clothed with Christ, putting off the old life and putting on the new.
13. Confessing Christ as Lord.
14. We are witnesses to what God has done in Christ and called to proclaim that to the world.

Fig. 4. Ancient baptistry in Ephesus. Note that it looks like a tomb and yet also has semi-circles at the sides, which point to the cross as well as to the round shape of the womb. Baptism is a death, a rising to new life, and a new birth.

The significance for us today

With all of these meanings, it is clear that almost any passage in Scripture can refer to baptism because it refers to what we are called to be or what those called before us can show us about how to be—or how not to be God's people. The prophets were speaking to God's people, and their words are for us as well. We can see the temptations the people of God face in thinking that they are called for privilege rather than for holiness and witness. The New Testament shows us the struggles of those first Christians to understand who they were called to be. Through the Holy Spirit God speaks to the people today through the words God spoke to those called in past ages. Therefore, every sermon can show the meaning of baptism to the people who are already baptized, even as it can show those who may contemplate baptism what such a step implies.

If we remind the congregation every sermon who we are called to be—because we are baptized—we reinforce the sense of identity as Christians. It also means we can stress the meaning of the passage of Scripture for our life together as a congregation, not simply the meaning for each individual. From the early church—including the New Testament—we can learn that baptism is not something to be discussed rarely, or mentioned only when a baptism is actually taking place. Baptism is the foundation for our identity as the church, and its meanings can never be exhausted. Our whole lives as Christians are an appropriation and deepening of our understanding of our own baptism and therefore our life as part of the body of Christ (see fig. 5, on p. 56).

Fig. 5. Ancient baptistery in Milan, built by St. Ambrose. Augustine and his son were baptized here in the late fourth century. It has a round center, pointing to a new birth, but it also is inside an octagon, which symbolizes that the first day of the week—the day of the resurrection—is also the eighth day, the dawn of a new age, the in-breaking of the new creation in the midst of the old.

4. The Lord's Supper Then and Now

The New Testament references to the Lord's Supper fall into two categories: those that describe the institution of the meal and those that base a theological argument on the meaning of the Supper for the church. In the first category we have four clear passages: one in each of the first three Gospels, when Jesus celebrated the meal with his disciples on the night he was betrayed; and one in 1 Corinthians 11:23-26, where Paul repeated what he had been taught as to the Lord's instructions on that night.

The Institution passages

These four accounts differ slightly. Paul emphasized that the meal proclaims Christ's death until he comes again. It therefore has an eschatological overtone. He also stressed the covenantal importance of the meal. Matthew agrees on the covenantal importance, adding that it is "for the forgiveness of sin." Matthew's eschatological emphasis is quite different. He wrote: "I tell you, I will never again drink of this fruit of the vine until that day when I drink it new with you in my Father's kingdom" (Matthew 26:29). For the early church, "that day" was every communion service, which was a reunion of the Risen Lord and his people at the Table, and therefore, a taste of the Kingdom which, for them, began at the resurrection. The old world continued, but the new creation, the Kingdom itself, had broken into this world. Mark's version was very brief, with a mention of the covenant and the same promise as in Matthew of not drinking of the fruit of the vine until they join him in the Kingdom. In Luke, mention is made of the covenant, but the emphasis on the coming Kingdom and its connection with drinking the cup with Jesus are more prominent.

It is only the first three Gospels that record a supper on that last night of Jesus's earthly life, and for them, it is a Passover meal. For John's Gospel, the setting is quite different: before the Passover. He will be killed on the day of preparation, precisely at the time that the lambs are being killed for the Passover meal. He is the Lamb of God, and his death is the sign of a new covenant, just as the first Passover led to the first covenant. The phrase, "the Lamb of God" always has overtones of the Passover. Paul himself, though he did not deal with the issue of the timing of Jesus's last supper, also uses the Passover imagery when he writes: "Our paschal lamb, Christ, has been sacrificed. Therefore let us celebrate the festival, not with the old yeast, the yeast of malice and evil, but with the unleavened bread of sincerity and truth" (1 Corinthians 5:7b-8). In the first Passover the people of God were led through the water into freedom from bondage. In this new covenant, the new people of God are led through the waters of baptism into freedom—but not freedom from a human captor but freedom from sin and the bondage into which it has led humanity, bondage that includes death itself. In fact, for Paul, the bondage in which creation is held includes more than human beings: it is a cosmic bondage that includes the whole of creation (Romans 8:19-23).

John assumed a meal on the occasion of the last night, but the emphasis is on the feet-washing that occurred during the supper. There is only one reference to Jesus giving bread to someone, and that was to Judas, as the sign of the one who would betray him (John 13:21-27). There were many speeches by Jesus at the meal, but of the actual meal, little was said. However, earlier in John's Gospel Jesus speaks of his body and blood as food for his followers, and such words assume the meaning of the Lord's Supper in the life of the church (John 6:27-58). This earlier passage speaks of eating and drinking the body and blood of Jesus, and the words are jarring, not only for a Jewish audience in the first century but also for us. The meaning Jesus gave in this speech related the eating of the bread and wine to receiving eternal life. He is the bread of heaven, the true bread that gives true life. His blood is true drink, and those who share in it will be raised up on the last day. By eating and drinking the bread and wine his followers become part of him and his risen life. He says: "My flesh is true food and my blood is true drink. Those who eat my flesh and drink my blood abide in me, and I in them" (John 6:55-56). He compared the bread of his body which he gives his followers to the bread God gave the people in the Wilderness, the manna. Those who ate the manna, miraculous as it was, eventually died. Those who eat his flesh will never die. They receive eternal life from him even now, because they live in him and he in them.

Throughout these passages the significance of the supper is clearly tied to the death of Jesus on the cross, but the emphasis is also on the future: on the new life he gives his followers now and on the Kingdom whose beginning is now. For a variety of reasons, throughout the Middle Ages and even through the Reformation, the message of communion was much more about the death of Christ and a promise of life after death than about new life, the new creation that believers receive even now. Whether Protestant or Roman Catholic, it was the death of Christ and the benefits for believers of that death that dominated any discussion of the meaning of communion. Obviously, Protestants and Catholics differed greatly on how the bread and wine were to be viewed and how the benefits of his death were to be received, but the underlying meaning was similar. Gone was the joyful celebration of the reunion of the Risen Lord with his people. In its place was a somber remembrance or, for Roman Catholics, re-enactment of his cross. We looked at some of the reasons for this change in chapter two. In the recent liturgical renewal that was also discussed there, many of the ancient meanings of the Lord's Supper have also been restored.

Other passages

It is difficult to pick out specific passages about the Lord's Supper other than the passages about its institution. There are a few, and we shall look at those. In a sense, the passage from John 6 already mentioned fits into this category of non-institution passages. However, it does not really mention the Lord's Supper as celebrated in the church. Most of the passages in which Jesus was at table with sinners or with his disciples can be interpreted in the light of the sacrament. The words of Jesus about banquets in the final Kingdom also lend themselves to such interpretation, letting us see our current Lord's Suppers as a foretaste of these final meals.

This may be seen in Revelation 19:7-9a, where an angel says:

Let us rejoice and exult and give him the glory, for the marriage of the Lamb has come, and his bride has made herself ready; to her it has been granted to be clothed with fine linen, bright and pure"— for the fine linen is the righteous deeds of the saints. And the angel said to me, "Write this: Blessed are those who are invited to the marriage supper of the Lamb."

The image of the church as the bride of Christ is clear in Ephesians 5:25-32. That imagery is also common in the early church. Here in Revelation it culminates in the great marriage feast when the church is permanently joined to Christ in the final Kingdom. Now, in communion, we anticipate that meal.

There is another passage at the end of Luke's Gospel that also has overtones of communion though the sacrament itself is not mentioned. This is the narrative about the two disciples who meet Jesus on the road to Emmaus, not realizing who he is until he breaks bread with them at a meal. The Risen Christ making himself known to his followers in the breaking of bread shows much of the joy and astonishment early Christians felt at their communion services (Luke 24:13-32).

Pauline passages

Let us look at two passages from Paul's first letter to the Corinthians that use the supper very clearly as the basis for theological application in the life of that congregation.

The first is one already mentioned as used by Augustine in his sermon to the newly baptized at Easter, 1 Corinthians 10:16-17: "The cup of blessing that we bless, is it not a sharing in the blood of Christ? The bread that we break, is it not a sharing in the body of Christ? Because there is one bread, we who are many are one body, for we all partake of the one bread." Augustine used it to show how important unity was to the early church. Paul's use is a bit different. This passage occurs in a section of his letter where he was discussing idolatry, in which evidently some of the Corinthians were indulging. He concluded the passage with these words: "You cannot drink of the cup of the Lord and the cup of demons. You cannot partake of the table of the Lord and the table of demons" (1 Corinthians 10:21). To drink the cup is to be united with Christ. Even though the demons to whom idolatrous worship is offered are nothing, drinking their cup or eating at their table joins you to their worship and therefore dishonors Christ. Paul uses the same argument in speaking against prostitution: "Do you not know that your bodies are members of Christ? Should I therefore take the members of Christ and make them members of a prostitute? Never!" (1 Corinthians 6:15). In other words, Paul takes quite literally the fact that by baptism and the Lord's Supper we are joined to the body of Christ, and that reality has enormous implications for the whole of the Christian life and the life of the church.

The final passage from Paul includes the words of institution, but they need to be seen in the context in which he used them. He was not giving directions for worship at this point, but rather he was drawing on the communion service in order to show the Corinthians what was wrong in the way they were dealing with each other.

1 Corinthians 11:17-30:

(17) Now in the following instructions I do not commend you, because when you come together it is not for the better but for the worse. (18) For, to begin with, when you come together as a church, I hear that there are divisions among you; and to some extent I believe it. (19) Indeed, there have to be factions among you, for only so will it become clear who among you are genuine. (20) When you come together, it is not really to eat the Lord's supper. (21) For when the time comes to eat, each of you goes ahead with your own supper, and one goes hungry, and another becomes drunk. (22) What! Do you not have homes to eat and drink in? Or do you show contempt for the church of God and humiliate those who have nothing? What should I say to you? Should I commend you? In this matter I do not commend you!

(23) For I received from the Lord what I also handed on to you, that the Lord Jesus on the night when he was betrayhed took a loaf of bread, (24) and when he had given thanks, he broke it and said, "This is my body that is for you. Do this in remembrance of me." (25) In the same way he took the cup also, after supper, saying, "This cup is the new covenant in my blood. Do this, as often as you drink it, in remembrance of me." (26) For as often as you eat this bread and drink the cup, you proclaim the Lord's death until he comes.

(27) Whoever, therefore, eats the bread or drinks the cup of the Lord in an unworthy manner will be answerable for the body and blood of the Lord. (28) Examine yourselves, and only then eat of the bread and drink of the cup. (29) For all who eat and drink without discerning the body, eat and drink judgment against themselves. (30) For this reason many of you are weak and ill, and some have died.

[margin note: Corinthians were being too casual]

This is a strange passage, combining verses that are very familiar with one or two that we probably rarely hear. The context is clear. Paul was concerned about the way in which they are celebrating the Lord's Supper. It is supposed to be a time of unity, overcoming the barriers of social status, race, nationality, gender, and all the others that separate human beings from one another. Their unity was given in their baptism and renewed in their common meal with the risen Lord. But when this congregation gathers, the barriers are still present. There is no new creation breaking through. Especially it appears that the barrier of social and economic status was just as strong in the church as it was outside. *— dangerous*

[margin note: too much of a party, not being intentional about equality which takes mindfulness.]

Protestant churches have often stressed the need for self-examination before receiving communion, basing their view of verses 27-29. In some churches, particularly in Scotland, this meant visitation by the pastor or elders before the service, or at least a special service of preparation the Sunday before communion was to be celebrated. The passage was also used to show that only those who had the proper understanding of communion—those who properly "discerned the body"—were eligible to receive it, and therefore no children were to receive until they were old enough to be examined about their understanding.

But when we look at the whole passage, the meaning is quite different. The wealthier members were showing disrespect towards the poorer ones. Remember, the Lord's Supper was at that

[margin note: yes — not about self-reflection) the critique is about justice.]

potluck plus communion @ time of Paul

time a whole meal, with the bread and wine as a special part of it. People brought food, and it was expected they would share. But the wealthier ones brought food for themselves, and the poor members went hungry. So Paul told them that no matter what they thought they were doing, they were not celebrating the Lord's Supper. When he told them to examine themselves, it was about their behavior. When he told them they needed to "discern the body," he is telling them to look at the gathering. That is the body. They are one body, for they all partake of the one loaf. The rich ones who have not shared their food and drink have failed to discern the body of Christ which they are, along with the poor members. "The body" is the church, not the bread. /·!/ *yes*

The most problematic part of this passage for us today is probably verse 30, that indicates illness and even the death of some of the members was a result of their failure to act like the body of Christ. In contrast, in 1 Thessalonians 4:13-18 Paul encouraged that church not to be concerned that some have died before the Lord's return. However, how these two passages are to be understood is a matter for another time and place.

The offertory

Most Protestants, hearing the word "offertory" in a worship service, would probably reach for their wallets. However, the original meaning of the word referred to the ceremony of bringing forward to the Table the bread and the wine for the communion service. As we mentioned earlier, by the end of the first century the full meal had generally dropped away because of the growth of congregations. Only the bread and wine remained. The earlier part of the service on the Lord's Day was open to those who were preparing for baptism, the catechumens. There was a transition between that "service of the Word" and the celebration of the Eucharist. At that point, the catechumens were blessed with prayer and laying on of hands, and they left. The worship space remained the same, but now the bread and wine were brought to the Table, most likely by the members who were contributing it to the congregation. The elements were the congregation's offering.

Two things need to be said. First, there always was a contribution of money at the service, but it was for the poor. Justin Martyr described the Sunday service of the second century, and writes:

> And they who are well to do, and willing, give what each thinks fit; and what is collected is deposited with the president, who succors the orphans and widow, and those who, through sickness or any other cause, are in want, and those who are in bonds, and the strangers sojourning among us, and in a word takes care of all who are in need. (*First Apology*, 67)

The church owned no buildings. Legally it could have no ownership. Some clergy might have been paid, but many were well-to-do, since some education, including the ability to read and write, was absolutely necessary for clergy and that implied a certain economic level. Those elected to the clergy who had money were expected to give much of it away and to live simply. (All of that changed when the church became associated with the Roman Empire in the fourth century.)

Second, there was an interesting understanding of the difference between the elements used in baptism and in the Lord's Supper. In baptism, water—simple water—just as the Creator gave it to us is used. In the Lord's Supper, the situation is quite different. God gave us wheat and grapes, but what is used in this sacrament includes a great deal of human labor. The wheat has been ground and made into bread. The grapes have been crushed and made into wine. What is offered to God in the offertory is not simply what God has given us, but we are returning God's gifts to which our own human labor has been added. It would not make any sense to offer God the water to be used in baptism: we have simply received it from God. But the bread and wine are quite different. They have been transformed by human labor. Once offered to God in the sacrament, these elements now are transformed again by God and returned to us as elements that unite us to Christ, a power they did not have when we offered them. This does not mean that the bread and wine are changed, but they now can accomplish something that before was beyond their power. For that reason, in the early communion services—and in the new ones—we find a prayer asking that the Holy Spirit may bless the bread and wine so that they may unite us with Christ and each other.

64

Summary of meanings

The possible meanings of the Lord's Supper that we have seen in the New Testament are these:

1. To remember Christ's death and resurrection.
2. To receive Christ.
3. To be made part of Christ.
4. To have Christ made part of us.
5. To be made part of the body of Christ by receiving the body of Christ.
6. To receive forgiveness.
7. To participate in a foretaste of the eschatological banquet.
8. To acknowledge our guilt and repentance.
9. To acknowledge Christ's victory for us and receive His strength.
10. To be made holy.
11. To acknowledge Christ as the sacrifice for sin.
12. To acknowledge the resurrection as the beginning of the Kingdom.
13. The awareness of God's promise that we are God's children and he provides for us: the parallel with the manna in the Wilderness.
14. To participate in the joy of the Kingdom because we are in the presence of the Risen Christ.
15. To remind believers of the need to share joyfully with those in need.

Significance for today

Often pastors and congregations are concerned that if communion were served often, it would become very repetitious. When we look at the list of meanings, it is clear that there is an endless variety that can be employed. What is needed is a sense of freedom in two directions. First, pastors need to see how Biblical passages that do not actually mention the Lord's Supper can be preached at communion services. If we are limited to the six or seven that specifically mention the Lord's Supper, that would be difficult indeed. But the meanings listed above are to be found in many texts. How this can be done will be discussed in the sixth chapter. Second, pastors need some flexibility in terms of the prayers used in the communion service. If the only prayers are those about the cross, then whatever is said in the sermon, if it has to do with the dawning Kingdom or being part of Christ's body, is lost when the communion service itself goes back to Good Friday.

Fig. 6. Fresco from the catacomb of Callistus in Rome showing a communion service, the central act of Christian worship.

Frequent celebration of the Lord's Supper, along with frequent mention of the significance of baptism, help to keep the church focused on the central message of the Gospel. It is for this reason that the Protestant Reformers, both Luther and Calvin, believed that the true church was wherever "the Word was rightly preached and the sacraments rightly administered." What they meant was that true preaching, that is, the explication and application of the biblical text, along with the sacraments of baptism and the Lord's Supper, keep a congregation centered on the Gospel. If the Lord's Supper is served four times a year, and on those occasions the message seems out of step with the rest of the year, or if baptisms come in occasionally as strange ceremonies unconnected with the regular life of the congregation, then the message of the cross and resurrection are probably not the center of the rest of the Sundays. Both baptism and the Lord's Supper deal with the cross and resurrection and their meanings for us. Their frequent mention helps preaching and does not detract from it. That is true, however, only if the fullness of the meanings of these sacraments is understood and proclaimed (see fig. 6).

5. The Church Year

The historical development

One of the major ways the early church found to educate its own members about the major points of the gospel was by the weekly calendar, and soon thereafter by the yearly one. In this it followed the Jewish pattern of remembrance. Both Judaism and Christianity are based on specific acts of God in history, and therefore the remembrance of those days is central to the identity of the people. For Judaism, the weekly celebration of the Sabbath was the recognition of the God who created all things. The annual celebration of Passover reminded them of the God who led them out of Egypt.

For Christians, very early in the second century and perhaps even in the first century, every Wednesday was a day of fasting in remembrance of the betrayal of Jesus by Judas and the possibility of their own betrayal; every Friday was a day of fasting remembering the cross, and every Sunday was the joyful feast of the resurrection. It would be impossible for a Christian not to know that the death and resurrection of Christ is the center of the gospel. Somewhere in the second century the church began celebrating Easter—one special Sunday. Since the original Easter was clearly connected to the time of the Jewish Passover, Easter also was dated according to Passover.

There was some debate early about this dating of Easter. The date of Passover was set by the calculation of the vernal equinox and the phases of the moon, and could fall on any day of the week. Some Christians took these dates. But other Christians felt that it was absolutely essential that Easter be celebrated on a Sunday, the first day of the week, because of the Lord's resurrection on this day. This was the view that finally dominated, even though the particular Sunday still has some relationship to the dating of Passover.

Once there was a specific Sunday that was the Great Easter, of which every other Sunday was a smaller version, the entirety of Holy Week began to take shape. Good Friday was an obvious addition. The Saturday between became the time for baptisms so the newly baptized could be seen to rise to new life on the Sunday of the Resurrection. Fairly quickly, the rest of the week was filled out: Thursday became the remembrance of the feet-washing as recorded in John's gospel (John 13), and the Last Supper as recorded in the other three gospels. The final preparation of the candidates to be baptized at Easter began on a Wednesday, three and a half weeks before Easter. Eventually, when baptisms were performed throughout the year, this time was extended to forty days—after the pattern of the forty days that Jesus spent in the desert, and the forty years of Israel in the desert. What we now call Lent. This period then became a time in which all the church could focus on the meaning of baptism, and for all believers to reconsecrate themselves to dying with Jesus and rising with him to newness of life.

After Easter, using the Book of Acts as a guide, the church celebrated the Ascension of Christ, which would be forty days later, on a Thursday, and then, fifty days after Easter, Pentecost. This day also was judged to be appropriate for baptisms of those who had been unable to be baptized on Easter.

The Christmas celebrations began later, generally in the fourth century. Unlike Easter, there was no evidence in Scripture as to when Jesus was born. The church was well aware of that fact. However, there were several heresies that denied that Jesus was born at all, or that he was truly human. They believed that he was divine, but only appeared to be human. He therefore could not have been born or died or been raised from the dead. Obviously, the church considered these opinions to be totally opposed to the heart of the gospel. Therefore, a celebration of the birth of Jesus, with stress on his humanity, would help keep the faithful from accepting such alternative and erroneous doctrines.

The question was when to celebrate this day. There were various Roman holidays that occurred in late December through early January, celebrating the return of the sun after the winter solstice. Christians took that date, since they could now put their own meaning on the time, and keep their own members from celebrating the Roman holiday. It was also an appropriate time because Christ was the true Sun of Righteousness, bringing light and new life to a world bound in the darkness of sin. When the Germanic tribes became part of the church, their own celebrations of the return of the sun would also be turned into Christmas. The Eastern church, centered in the Greek-speaking areas, had already chosen to celebrate the birth of Jesus on the 6th of January. Gradually, the churches agreed on the December day, but extended the celebration until January 6th, which was also celebrated as the baptism of Jesus as well as the arrival of the Wise Men at Bethlehem. This day, called Epiphany, would also be considered appropriate for baptisms.

Later in the Middle Ages, it was decided that the Christmas feast should have the same sort of time of preparation as did Easter. The four weeks before were called Advent, a time of preparation for the birth of Jesus.

That is the basic structure of the church year: Advent to Epiphany; Lent to Pentecost. There are other minor days, but these are the most significant.

The church developed this calendar in order to help the faithful remember the major points of the gospel. That is still its purpose. During the later Middle Ages, so many saints days were added, and so many other lesser feasts, that the basic structure of the year was lost. The faithful could not really tell what was essential and what was minor. By the time of the Reformation, the calendar was complicated, overcrowded, and had lost its teaching function. The Reformers differed on what to do. Luther wished to keep the traditional calendar but eliminate the abundance of saints days. Calvin wished to keep some of the days, especially Easter and Christmas. Other, more radical groups, wished to eliminate everything accept Sunday, which they called the Sabbath. They often applied many of the traditional Jewish Sabbath elements to Sunday. The sense that Sunday was the day of the Resurrection was lost.

69

In many ways, as we have seen, Sunday had lost the sense of the Resurrection during the Middle Ages. The understanding of the Mass as an "unbloody resacrifice of Christ" for the sins of the world had turned Sunday into a minor Good Friday. Easter itself had lost much of its original meaning. Some of the Greek understanding of the immortality of the soul had replaced the Jewish view of the resurrection of the dead. Gone also was the sense that Jesus's resurrection had inaugurated the dawn of the Kingdom, and that the church was the first fruits, the community that lived with a foretaste of that Kingdom. The Reformation itself had only a glimmer of these earlier views, and after the death of the original Reformers, even that glimmer was gone.

English-speaking Protestants who were not Anglican or Lutheran, lost much of the church year. Some celebrated Easter but believed Christmas to be a pagan holiday. Others held to both Holy Week and Christmas, often including Epiphany, but rejected Lent and Advent, and ignored Ascension and Pentecost.

A clear awareness of the theological import of the church year is a great help to preaching. That is to say, a consciousness of any particular day or season can give direction to the interpretation of a biblical text. It can help relate the text to the life of the worshiping congregation. It can help the preacher go beyond the obvious texts about Christmas, Easter, and so on to see the link between the season and much more of the Bible than we might originally think. For instance, if the birth narratives are the only passages we feel comfortable with at Christmas time, we are obviously quite limited as to the texts that can be used. Furthermore, we shall probably be quite happy to end the Christmas season abruptly on the 25th of December since there is little more to be said. That would be even truer for the longer seasons, such as Advent and Lent. If we can summarize our understanding of a season in a sentence or two, we shall be hard pressed to stay with the season for its full duration without being highly repetitious.

To be helpful, then, the church year must provide a theological framework that is sufficiently general to help interpret a variety of biblical texts. This was the case in the early church, as the sermons that have been left to us show. There must be such a breadth of meaning, such a fullness of nuances, that the significance of the occasion cannot readily be exhausted and the sermons are not simply a repetition of the theological meaning of the day. The sermons must be the faithful interpretation of the text, aided by the church year, not a sermon on the church year supported by the text.

There are two different ways in which the study of the church year can be undertaken. One is historical, the other is doctrinal. Both are useful. For instance, it may be instructive to know how the keeping of Lent emerged, how and why the church developed this season. Yet the history is not sufficient. It needs to be translated into usable terms for our day, so that what is helpful from the tradition can be readily applicable as a framework for biblical interpretation. In some instances, a knowledge of the historical background is illuminating; in others it is unnecessary. It may be that in congregations where the church year has always been celebrated in its fullness, the historical background would be sufficient justification for continued practice. But for those of us in churches where the use of the church year is of rather recent origin, or where it has been little used, the doctrinal significance will probably be of greater value.

We have already looked very briefly at the historical development of the year. Now we shall see a bit more of the theological meaning traditionally assigned to the days and seasons.

The structure of the church year

The basic structure of the church year is two independent sections. The first centers around Christmas, celebrated on December 25th regardless of the day of the week. Surrounding this is Advent, the time of preparation, which begins four Sundays before Christmas, and the season itself goes until Epiphany, January 6th, but includes the Sunday after January 6th, so the church can celebrate this together if Epiphany falls on a weekday. Although the prevailing commercialism might make us think that the Christmas season ends with the gift-giving and other celebrations on the 25th, the fact is that the season itself begins at Christmas and goes until Epiphany. These are what are called "the twelve days of Christmas."

Advent can vary in length. If Christmas falls on a Sunday, then there is a full week between the Fourth Sunday of Advent and Christmas. If Christmas falls on a Monday, there is less than a day. Like all major feasts in the Christian year, the ancient custom of counting days in the Jewish fashion prevailed, so Christmas begins at sundown on the 24th, and Easter at sundown on the Saturday night before Easter Sunday.

There must be at least one Sunday after Christmas every year, and often there will be two, depending again on what day of the week Christmas falls. If Christmas is on a Sunday, Monday, or Tuesday, there will be only one Sunday after Christmas. If it falls later in the week, there will be two.

Following the Sunday after Epiphany, a period called "Ordinary Time" begins, though it is sometimes counted as "Sundays after Epiphany." This lasts until the next great section of the church year begins: the Easter cycle. Unlike Christmas, Easter is not a fixed date, but rather it is always a Sunday, determined by a combination of factors including the full moon and the vernal equinox. It therefore can vary in date by several weeks, anywhere from March 22nd to April 25th. This cycle is composed of Lent, Easter, Ascension and Pentecost. After Pentecost, a second series of Ordinary Time, also counted as "Sundays after Pentecost," fills in the gap until the next Advent season begins. The year always begins with Advent, and therefore the church year begins at least a month before the calendar year.

The doctrinal elements of the church year
Advent

Advent is a preparation for Christmas. If a congregation really spends time in such preparation it will avoid spending all of December as though it were all Christmas and then be ready to put it away for another year the moment the 25th is passed. Rather, they will begin to celebrate Christmas on that day—or the Eve before—and continue for the next twelve days. That will put them out of tune with the wider, secular culture that begins early in order to urge people to shop as long as possible.

Advent has several different emphases. One is the Second Coming of Christ, a theme that is stressed all year by some denominations and totally ignored by others. Its emphasis in early Advent is to make it clear that, though we celebrate Christ's birth every year, he was born only once, just as he will return only once. We are in no doubt as to who this child is. We know what his life will bring: the cross and the resurrection. The reminder of the Second Coming at the beginning of Advent shows that we are not back in the situation before that first Christmas. Even in celebrating Christmas we know that this child is the glorified Lord who is now the King of kings. Furthermore, it makes clear that his work as Redeemer was not completed in his earthly ministry, nor even in his death and resurrection. The victory is won. The conquest of sin, death, and evil has been accomplished. But it is the decisive battle that is over. There is still the "mopping up" exercises, for not all have surrendered or even recognized the victory. Christ's work still continues, actively, until all acknowledge his Lordship. His work continues until his second Coming and the fullness of the Kingdom dawns. Therefore, Christmas is not a new beginning every year but rather the celebration of a radically new beginning that occurred two millennia ago. The Second Coming shows that though the Kingdom entered into our world at Christ's resurrection, its fullness is still ahead, still promised for the future. The historical character of our salvation depends upon an eschatology—a Kingdom to which we are heading even as it comes toward us.

A second emphasis of Advent is our need for a redeemer. There is no point in celebrating the birth of a savior if there is no clear sense that the world needs one. Part of this is a rehearsal of the promises to Israel of the redeemer who would come. This means that in Advent the church stresses its link to Israel, to the People of God whose scriptures are ours as well. It points to God's faithfulness to the covenant with Israel, with the promise to the line of David.

Advent ties the church to Israel's hopes. For Israel, the expected Kingdom was more than a promise of individual salvation: it was a redemption of the whole creation. Sin and its effects have taken their toll on the earth and all of its inhabitants. Therefore, some of the messianic prophecies speak of "the peaceable kingdom," the time when the lion shall lie down with the lamb, and no longer will one species prey on another. This was the original plan of creation seen in Genesis 1:29-31 and ended by human sin (see Genesis 9:1-7). It is important for us to see the depth of sin's effects because so often we limit sin to specific human acts, as though if all of us were perfect sin would be eradicated. The vision of the peaceable Kingdom is a clear reminder that sin is so pervasive that human beings cannot eliminate it, even if they had all the good will possible. No matter how good we are, no matter how sinless we try to be, we had better not leave the wolves and the sheep together. That sort of disorder in the universe only the Creator can overcome. The promise is that one day, when the Kingdom dawns in its fullness, all of the violence in the earth will end, and the whole creation will be peaceful.

A third theme is judgment, implied both in the Second Coming and in the distance between where we are and God's ultimate plan for creation. Redemption itself shows that there is something drastically wrong with our present situation. Though the theme of judgment is part of Advent, it is limited by the sense of joy that is already breaking through because of the Christmas season ahead. Advent is important for the church because the surrounding secular culture seeks a salvation without judgment, and wishes to celebrate the birth of a child in a manger without expecting his return as Lord of history. This is why the world is so ready to stop celebrating Christmas just as the church is beginning its celebration.

During the Advent season, John the Baptist briefly takes center stage, a strong link with the Old Testament. His own birth is part of the pre-Christmas narrative, along with Gabriel's announcement to Mary. Elizabeth and Mary both stand in the long line of "barren women" in the Old Testament, women whose children are necessary links in the creation and preservation of God's people. Sarah, Rachael, Hannah are not simply the recipients of a miracle but their previous, public barrenness makes it clear that their child is born because of God's action. The case of Elizabeth is similar. In Mary, her child is even more clearly the work of God, since she is not barren in the usual sense, but a virgin. Her child is therefore the height of God's involvement: the Incarnation, God as one of us.

Christmas

Christmas is above all the time to stress the meaning of the incarnation: Jesus as fully God and fully human. What does it mean to say that Jesus is God's Son and also the son of Mary? Christians are not always clear about this. Some seem to think that once Jesus has been raised from the dead and ascended into heaven, he somehow has ceased to be fully human and now is only God. The Christmas season is the time to make very clear that once the incarnation occurred, it never ends. Jesus remains fully human, although human in the way we will be in the risen life. Paul deals with the question of what this means in 1 Corinthians 15:3-28. Christmas Day is probably not the time to deal with this, since the narrative of the birth clearly takes precedence, but the Sunday after Christmas works very well.

It took the early church several centuries to overcome various heresies about the person of Jesus Christ and his relation to God the Father. The councils of Nicea and Chalcedon were necessary because it is difficult in the midst of a non-Jewish culture to understand what the church does mean when it says that God became human, was born, and yet did not cease to be God. Some care must be taken to clarify what the fact of the incarnation does and does not mean. If there is confusion in the minds of the congregation at this point, it weakens the central affirmation of the Christian faith. This is not to say that a theological lecture on the meaning of Chalcedon ought to replace the sermon. But it does mean that the preacher should address this issue in the process of interpreting a biblical text.

Many Christians see Christmas as the celebration of one whose redemptive activity lay only later in his life—at the cross. His birth is mere preparation of the one who would later die. Many medieval paintings of the nativity have the babe in the manger with his hands outstretched and his feet placed as though the nails were already in them. It shows that his birth is only prelude with no significance in itself. The view was quite different in the early church. The birth of the one who was both God and human has so united us with God that we can never be separated. Those who are in Christ are united with God. Even if there were no other humans redeemed, there is now a human being with God—Jesus, who is both fully God and fully human.

75

There is a salvific character to the incarnation itself. The name, "Emmanuel" means "God with us." God is with us human beings in a new and ultimate way in the Incarnation. St. Ambrose, bishop of Milan who baptized St. Augustine, wrote regarding Jesus's words to the penitent thief on the cross beside him: "You will be with me in Paradise" (Luke 23:43): "Do not be afraid that you will fall from Paradise as Adam fell; . . . Flesh fell in Paradise before it had been received by Christ" (*Commentary on Psalms*, XXXIX.19 [in our Bibles, Psalm 38:19]). In other words, redemption in Christ is final. Humanity cannot fall away again.

Epiphany

The name of this feast is taken from the Greek word *epiphanos*, which means "unveiling" or "manifestation." Three events linked to this day are the visitation of the magi to the babe in Bethlehem, the wedding at Cana, and the baptism of Jesus in the Jordan by John. All three events represented some recognition of who Jesus was—by Gentiles (in the visit of the magi); by the disciples (when the miracle occurred of turning water into wine); by Israel (with the descent of the dove and the words, "This is my beloved Son").

In the early church these three events had some interesting linkages. An ancient hymn sung on this day reads:

Today the Bridegroom claims his bride, since Christ has washed her sins away in Jordan's waters; the Magi hasten with their gifts to the royal wedding; and the wedding guests rejoice, for Christ has changed water into wine, alleluia.

Epiphany was viewed as a proper time for baptisms, especially for those who were not prepared by the previous Easter or Pentecost. It was appropriate to celebrate baptisms on the day remembering Jesus's baptism. Since the newly baptized were immediately admitted to communion, the wedding at Cana showed that the miracle prefigured the sacrament of the Table.

Though the New Testament does not give either names or a number to the magi, later tradition did both: three kings, named Balthazar, Melchior, Gaspar. Scripture made clear they were Gentiles. Later tradition painted them as representatives of the whole world, and saw them as European, Asian, and African. The visit of the magi prefigures the preaching of the Gospel to Gentiles, and shows that Paul's struggles to allow Gentiles into the church was already expected at the nativity. Epiphany is an appropriate time to speak of world mission, and of the global character of the church, which includes people of all cultures and races. Pentecost will have a similar overtone.

Lent

The Wednesday on which Lent begins is called Ash Wednesday. The stress of Ash Wednesday is our mortality, the reminder that in baptism we have died with Christ and therefore should live new lives. These became days of fasting in preparation for the Easter celebration. Since fasting was never considered appropriate for Sundays, because they were the day of victory and joy in the resurrection, the "forty days" exclude the Sundays.

Once almost everyone was baptized shortly after birth, there was no catechumenate. The early, impressive service of baptism on Easter Eve was gradually transformed into a service for the renewal of baptismal vows for the whole congregation. Gradually, even that was neglected, only to be rediscovered in the recent liturgical renewal. It is a wonderful culmination to the Lenten preparation, and helps a whole congregation reaffirm their identity as baptized members of the Body of Christ, as those who have a foretaste of resurrection life even now, as we celebrate Easter. Even if a congregation does not gather on Easter Eve, the remembrance of our baptism and its connection to the resurrection of Jesus can be part of the Easter service.

Ash Wednesday takes its name from the ashes that were traditionally placed on the forehead of believers, with the sign of the cross. The ashes were from the burned palms left from the previous year's Palm Sunday. The words that accompanied the application of ashes were: "Remember that you are dust, and to dust you shall return." The themes of Lent are death and baptism—baptism as dying with Christ, the way of the cross, as the necessary precursors to rising with him and the life of the Kingdom. In the early church, this was the time of final preparation for those to be baptized at Easter, and the whole congregation joined with them in this preparation, so that their own understanding of who they were as baptized Christians took on deeper meaning as they readied themselves for Easter.

Lent is therefore a time for studying Christ's journey to Jerusalem. He is laying out the way of discipleship, culminating in his death. It is a time for us to ask: How faithful have we been? How to we see our values, our way of life, in the light of the cross? It is a season of penitence and renewed dedication. It is a time for remembering that we will die, and we need to see our life in the context of death. If a congregation has people who are considering joining the church, especially those who need to be baptized, this is a time of preparation that can be very useful. If a congregation groups baptisms together, on only one or two Sundays a year, their significance is enhanced. Otherwise, a baptism often intrudes into a service that otherwise pays no attention to it.

Holy Week

The last Sunday of the Lenten season, Palm Sunday, contains the narrative of Jesus's entry into Jerusalem. His journey toward the cross is reaching its completion. What is done with this Sunday has a lot to do with the traditions of the congregation. If there are usually other services during Holy Week, such as Holy Thursday and Friday, then Palm Sunday can deal with the entrance into Jerusalem. But if the congregation does not gather again until Easter, then this Sunday must deal with the cross as well. Some congregations gather on Thursday night to remember the foot-washing or the Last Supper, or both. Services on Holy Friday often use the traditional "Seven Last Words." How the meanings of Holy Week are distributed differs from congregation to congregation. But it is of utmost importance to be sure that the fact and meaning of the Crucifixion is remembered, and the congregation does not go from Palm Sunday to Easter without the strong message of the cross in between.

Good Friday itself is of central importance. Jesus died on the cross on this day. But exactly what does this mean for us? The doctrine of the atonement tells us how the death of Christ applies to us. The meaning cannot simply be reduced to one, clear statement. The New Testament has many meanings, not opposed to each other, but not simply reducible to one. In the history of the church through the Middle Ages, three different doctrines of the atonement were developed—three that do not exhaust the meaning. Each has been dominant at various times in the church's history. All have sources in the New Testament.

The earliest form is what has been called the *Christus Victor* understanding. We find it in the writings of theologians of the second century. If we ask: What does the death of Christ accomplish? The response would be: In his death Christ took on all the powers of evil, headed by the devil, did battle with them, and won. He was the victor. At his death, it appeared he had lost. He went to the place of the dead. There he preached to those who had died before, and he broke down the doors of Hades. On the third day, he rose from the dead, and led his followers to heaven. Until then, there had been no human being in heaven. All, even the righteous and the patriarchs of Israel, were waiting for the Messiah. His victory over evil included victory over death and sin. The significance of the cross is that it is the final battle against the powers of evil. The significance of the resurrection is that it is the sign of his victory over evil. It is a victory only known to faith at this point, but in the future, at the return of Christ, this victory will be known to all. This view is typical of Paul and the Book of Revelation, among other places.

A second view is also found in the second century church, particularly in the Latin-speaking areas of North Africa. It is what we generally call the "substitutionary" or "satisfaction" view of the atonement. It is this that became dominant in the Western church in the Middle Ages, partly due to the Roman and Germanic cultures that found it readily understandable. If we ask: What does the death of Jesus accomplish? the answer is that he died in our place, paying to God the debt that humanity incurred by sin. What matters is that he has no sin of his own and therefore did not need to die. The fact that he was God and not only human, meant that his death could pay for an infinite number of sinners. This doctrine was fully stated in the eleventh century by St. Anselm of Canterbury in his treatise *Why Did God Become Human?* For both Roman Catholic and Protestant churches, from the Middle Ages until the twentieth century, this was the dominant view. They disagreed on how one came to be covered by this payment, but the understanding of the significance of the death of Christ was the same. This view is to be found in Paul, to some degree, but especially in Hebrews.

The third view, generally called the "moral influence" or "subjective" view has never been as popular as the other two, though it had great influence among liberal churches in the late nineteenth and twentieth centuries. The death of Christ show us how much God loves us, and the lengths to which God will go to show us that love——even to the cross. The message of the cross is that God loves us and always has loved us. It is our sin that makes us flee from God, afraid of God's wrath. But that is our misguided perception. When we understand how much God does love us, we can turn from our sin and turn again to God, beginning to lead the kind of life God wants us to, in gratitude for God's love to us. To some degree this is found in the Gospel of John, but its lack of an objective meaning—that is, that something actually changed on that Good Friday and Easter because of Christ's death and resurrection—has limited its appeal.

It is obvious that the understanding of the atonement has a great connection of the understanding of the Lord's Supper. A substitutionary view leads to a somber service, with the emphasis on the death of Christ. The moral influence view would be fairly similar in tone. The Christus Victor has a joyous and triumphant character, with the stress on the presence of the Risen Lord with his people and his final victory in the Kingdom.

Easter

Easter is the most important day of the church year—and the earliest established, since in the early church every Sunday was a celebration of the Resurrection. It is the day in which the meaning of the cross becomes evident to the disciples. If the gospel had ended on Good Friday, it would have appeared to the followers of Jesus that he had been defeated, his mission, though noble, unaccomplished. We can see that in the account of the disciples on the road to Emmaus (Luke 24:13-35). It was as though they had best go back to their old life. Nothing really had changed except their excitement of following one who might have been the messiah. All that changed with resurrection and their encounter with the Risen Christ. For the early church, they too came to recognize the Risen Lord in the breaking of bread every Sunday at the Lord's Table.

We think of Easter and the empty tomb. That is important, but by itself it would not have changed anything for the disciples. His body might have been taken away by his enemies. That is the first thought the women had. What makes the disciples know that all has changed is not the lack of a body but the

80

presence—the appearances—of the Risen Christ to his followers. A presence and not an absence is what matters. Now their lives were changed. They could not possibly go back to their earlier ways. Now they had a gospel to proclaim. Granted, that had to wait until they received the gift of the Spirit. In John's Gospel that gift is given on Easter night, when Jesus appears to those fearful disciples, hiding behind locked doors (John 20:19-23). In Acts, it is not until fifty days later that the gift is received (Acts 2). However it happened, the Risen Christ has changed their lives forever.

So often the church reduces the meaning of Easter to the news that there is life after death. That, however, would not have been news to the Pharisees. They believed in the resurrection of the dead at the last day. This is the basis for a debate that Acts records. The Pharisees anticipated a messiah who would bring in the Kingdom of God. At that time the dead would be raised. What did the message of Easter mean for them? The Kingdom did not come with Jesus's resurrection—at least in no visible way. The dead were not raised. History did not end. But for those who did believe—and many if not most of the early Christians were Pharisaic Jews—it meant that Jesus was the messiah, and the Kingdom had begun to dawn, though in a hidden fashion. The new creation entered the old, and the old did not end as expected.

Life after death was no news to Pharisees. Nor, in a very different way, was it news to Greeks. Much of Greek thought held that there was a part of a human being that was immortal, a little bit of the divine. When we die, that immortal part returns to its source. The body is not immortal, and falls away to decay. It is a temporary prison for the immortal spark we possess. The idea of an immortal soul came into Christian theology when most of the new members were Greek rather than Jewish. It does not mean the same thing. For the New Testament, we are totally mortal. There is nothing in us that can live on without an act of God redeeming us. Bodies are equally the creation of God along with whatever we mean by a soul—our minds, our egos. Nothing is less mortal than any other part of a human being. What is anticipated is the resurrection of the whole person, in some new, transcendent form, but clearly the whole human being. But this is not the message of Easter.

81

That message is that all that keeps us from fulfilling the goals of God for the whole creation have been overcome by Christ in his death. We are now able to live toward that glorious future in which there is love and justice, peace and wholeness for the creation.

The Ascension

It is a pity that Ascension Day always falls on a Thursday. It does so because, according to Luke, it is forty days after Easter. Forty days after a Sunday always is a Thursday. When such celebrations were originally developed in the church, every day was a work day, Sunday and Thursday were the same. Any Christian worship had be early or late, before or after the regular workday. It was not until Constantine decreed in the fourth century that the first day of the week, which was named in honor of the sun, would be a day of rest, that the church could worship at a time that was not an inconvenience.

Ascension is a significant part of the gospel story. If a church celebrates it at all, it is on the Sunday following, generally termed Ascension Sunday. Ascension celebrates the glory and power of the Risen Jesus, His Lordship even now. For John Calvin, one of the founders of the Reformed tradition at the Protestant Reformation, Ascension celebrates the continued incarnation of the one who sits at the right hand of God, He is still Jesus of Nazareth, still human and still God. His is now a glorified humanity, but he has not ceased to be one of us. Hebrews and Revelation become more understandable seen in the light of the Ascension.

Pentecost

The last day of the Easter cycle is Pentecost, the celebration of the gift of the Holy Spirit to the disciples fifty days after Easter, according to Acts. The gift of the Spirit enabled the first followers of Jesus to become bearers of his gospel with power, causing those who had never seen Jesus to encounter him in the words of those messengers. It is therefore counted as the birth of the church. Because at that first Pentecost the words of Peter could be heard in a variety of languages—languages that a poor fisherman from Galilee could never know—Pentecost is also a sign that the church cannot be limited to a single language or culture. It can be preached in all languages. The Bible can be translated into all languages. It is still the one gospel and the one Bible.

The church is by nature multicultural, precisely because it is the Spirit that opens the way to understanding across all language and cultural boundaries.

Pentecost speaks of power. Not human power, but God's power given to human beings for the purpose of proclaiming the gospel. The gifts of the Spirit are not to make an individual important but for serving the whole community and building up the church to be what God intends, so that it can witness to God's astonishing work in Christ. In the New Testament the Spirit sometimes works in strange and wonderful ways, but the major forms are increasing love and service to others. The gifts are distributed as God wishes, and no one possesses all of them. The greatest, according to Paul, are faith, hope and love, with love being the ultimate (1 Corinthians 13).

Other dates

There are a few other dates that can be helpful. The Sunday following Pentecost is often called "Trinity Sunday." With the stress throughout the Easter cycle of the work of the Son of God, and then at Pentecost, the work of the Holy Spirit, in the Middle Ages this Sunday was a time to deal with the meaning of the Trinity, a doctrine very confusing to many Christians. Though the term "Trinity" is not used in the New Testament, the baptismal formula of "Father, Son, and Holy Spirit" is there (Matthew 28:18) and other passages point to the doctrine. It therefore can be a useful time to preach on one of the passages that led to the doctrine and help the congregation understand what it means.

The last Sunday before Advent begins also has a special meaning. It is called "Christ the King" Sunday. It is a useful bridge between Ordinary Time and the beginning of Advent, because it introduces the eschatological theme that will be characteristic of Advent. In the medieval period, the same gospel lesson was used every year on this Sunday: Matthew 25:31-46, the coming of Christ as King and Judge, with the separation of the sheep and the goats. This leads directly into what was mentioned above about Advent.

November 1st is traditionally celebrated as All Saints' Day. This is very helpful in several ways. First, if those who have died in the Lord are remembered here, it makes it easier to use Easter for its true purpose, and not to speak of those who have recently died, as is the custom in some churches. The congregation needs a time for such remembrance, but Easter is not the time. Second, for Protestants, there is clear antipathy to remembering various saints all through the year. We do not have a way to determine who is a saint in any special way, and all believers are to be called that. Furthermore, the proliferation of saints days was one of the reasons that the church year became unworkable. What was central and important became overshadowed by dozens, if not hundreds, of lesser celebrations. November 1st is really for the remembrance of the dead. It is not so much a time to remember our own mortality. That is what Lent is about.

If a congregation uses the church year, they will annually be reminded of the major elements of the gospel: the covenant God of Israel who came into our history as Jesus of Nazareth, his true incarnation, his death on the cross, his resurrection, and the sending of the Spirit.

Lectionaries

Associated with the Church Year is the lectionary—at least, the concept of a lectionary. A lectionary is a list of scriptural readings for every Sunday of the year. It usually includes a lesson from the Old Testament as well as a Psalm, and then both an Epistle and a Gospel reading from the New Testament. The readings are selected on the basis of the church year. There was an annual lectionary in the early and medieval church. Some of the Reformers continued the use of a lectionary, now developed for Protestant churches. This was true of the Anglican and Lutheran churches. Other Protestants preferred that whole books of the Bible be read and preached on in order, with no selection made. Obviously, churches that opposed the use of the church year also preferred a system that took no account of special days such as Christmas and Pentecost.

Currently, there is an ecumenical common lectionary based on a three-year cycle, including the major days of the church year. This lectionary is used by both Protestant and Roman Catholic churches, and can easily be found on the internet. Lutherans and Episcopalians must use the lectionary, but many other Protestant preachers generally use it, although they are not required to.

There are obviously some disadvantages to a lectionary. Though the same Gospel in order is generally used throughout much of each year, there is a great deal of the Bible that is not covered by the lectionary, and a preacher may well wish to use some of the more neglected passages. Furthermore, there is good reason to plan sermons on a single book of the Bible, and the lectionary does not let that happen very easily. Also, the lectionary presents several lessons, and many preachers prefer to deal with only one. Granted, the lessons and generally chosen so that they can mesh well with each other, but a preacher may still wish to use only one.

On the other hand, there are some great advantages. Many pastors choose passages of the Bible that they know quite well, passages that they do not really have to struggle with. In addition, some pastors decide what it is they wish to preach and then find a scripture lesson that deals with the topic, but they do not really preach on the text itself. Or a pastor may have some favorite topics and always deal with those, ignoring much that the Bible has to tell us. The lectionary can really be a discipline for the preacher, presenting texts that the preacher must wrestle with or lifting up texts that may not be comfortable to either the preacher or the congregation. At the same time, if a congregation is accustomed to using a lectionary, it is possible for a preacher to begin a sermon by saying that he or she does not like the text—and would prefer something more comfortable—but this is what the Bible is saying to us, and we need to see how to deal with it. It means that the preacher is not in charge of the text, as is often the case.

It is also helpful for a congregation to know that the same readings from the Bible are being heard all around the world on this Sunday. It gives a sense of the wider church. There are resources—printed as well as on the internet—that can help in the selection of hymns and anthems, as well as prayers. In a community where the lectionary is used in many churches across denominational lines, pastors have formed study groups to begin the sermon preparation. This does not mean preaching the same sermon, but it is a joint beginning a study of the text, which helps to see how different people and Christian traditions approach it. This practice could also help preachers to see common problems in the wider community that the text may illuminate.

The Gospel lessons in the common lectionary for Ordinary Time include the teachings of Jesus, with the other passages generally supporting the nature of the Christian life, both for individuals and for the church. The emphasis is on what it means to be the people of God, both in life and in mission in the world. For pastors who are not required to use the lectionary, the awareness of the general structure of the church year can show where the lectionary could be used. A pastor might decide to use the lectionary for the Advent to Epiphany cycle and then do something totally different such as preaching on a book of the Bible. Then the lectionary could again be used for the Lent to Pentecost cycle. Following that there is again a time of several months that could be used very differently.

For those who have never used lectionary, it helps to begin slowly, looking at the four lessons given for each Sunday, and think how they relate to each other. Sometimes they do not, and it is quite possible to choose one and ignore the rest. Some of the readings—even one or two verses—may be useful as a call to worship. The experience of being given a text to preach on when you are usually the one who chooses may seem strange at first, but the challenge often becomes a welcome challenge and a significant learning experience for the preacher. It means giving up the control we usually have over the Bible.

disagree There should be no slavish attachment to the lectionary, however. If the preacher simply cannot discover how this reading can relate to the congregation or how it can be authentically preached, then it should not be used. But the text remains part of God's Word, and the preacher should continue to wonder why it has not yet become alive for the preacher. On the other hand, if the pastor, in studying the Scriptures, discovers a passage that seems particularly relevant for the congregation, there should be no hesitation in leaving the lectionary and preaching on that text. The church year and the lectionary are helpful tools for the education and growth of the community of faith. They are not ends in themselves, but represent the wider church's experience over millennia that these are useful, and we need to at least pay attention to that tradition.

6. The Task of the Preacher

In most congregations today, baptisms take place at whatever time is convenient for the those to be baptized or their families. Therefore, it is quite common to have baptisms on any Sunday. In those cases, at an apparently appropriate time in the worship service a sort of parenthesis is made, the baptism takes place, and then the service takes up where it left off. In some cases, particularly when it is a child who is baptized, the parenthetical character of the ritual is such that the family leaves the service after it. Pastors often try to avoid this by having baptisms grouped together so that the whole service is a baptismal service. In this, they are renewing the practices of the early church.

If baptism is like a parenthesis, quite often communion is like a postscript. The early part of the service is exactly like any other Sunday, with no reference to communion, and at the end of the service communion is tacked on, almost as an afterthought.

In both cases, there is a disconnect between the rest of the service and either baptism or communion—or both.

Imagine once again as you did in chapter 1, that you are considering the possibility of joining the church and are present at a gathering of about thirty people on a second-century Sunday. These meetings had to be before or after the working hours of the day, since only in the fourth century, with Constantine's support, would Sunday become a holiday free from work for most people. At the service you are attending, different categories of people make up the congregation. The largest would be the baptized members of the church. Next might be catechumens preparing for baptism. There is also a third group: people like you, interested in Christianity but not enrolled as official catechumens. The last two groups would be asked to leave after the service of the Word, before the service of the Table.

There were no clocks, so people gradually gathered before dawn or after sunset. Because people did not have Bibles of their own—and most were probably illiterate—a reader began to read Scripture aloud as soon as some people arrived. The reading continued until it seemed that all who were to come were there. Then there were prayers, psalms, hymns, and a sermon.

Since after the sermon you would have to leave, at first sight it would seem that in this service too, as in so many today, there was little or no connection between the songs, prayers, Scripture reading and the sermon, on the one hand, and baptism or communion on the other. But, as we shall see, it was not so.

Obviously, the sermon was and still is a central part of the service of the Word. Very few actual sermons have survived from the second and third centuries. Part of one, by Melito of Sardis from the middle of the second century, is included in the appendix to this book. We have many from the fourth and fifth centuries—parts of two from Augustine have already been quoted in the chapter on baptism. One from Leo I in Rome is also included in the appendix. There are also quite a few from John Chrysostom, Basil the Great, and Ambrose, also in the fourth century. These were not necessarily written sermons. In fact, most seem to have been spoken with perhaps some notes, but we have them because they were taken down by scribes—evidently using some form of shorthand.

Several characteristics are clear. First, the sermons are on a specific text that has been read to the congregation. The passage was explained—that is, the words were clarified. Many sermons refer to other parts of the history of Israel or of the gospel history in addition to the main text. In fact, these preachers seem to roam freely throughout the Bible. Since most of the members were gentiles, they had not been familiar with Israel's history until they became Christians. There must have been a great deal of instruction regarding both the Old and New Testaments during the catechumenate.

This means that congregations in which people did not have copies of the Bible still had a knowledge of the whole of Scripture that could easily have been greater than members have today, even though we have far more resources available to us than they had. Recovering the power of preaching the early church had requires a biblically literate congregation—on which we have much to learn from the early church. Augustine wrote a letter to Jerome complaining about Jerome's new translation of the Bible into Latin (the Vulgate). Augustine wrote that a neighboring bishop had used Jerome's translation of Jonah, which was used every season before Christmas. When the congregation heard it they responded by shouting the words they knew from the old Latin translation. Augustine says that this bishop had to go back to the words the congregation knew, or else he was in danger of losing his position! Preaching requires a congregation's knowledge of the whole biblical story, even if that means dealing with various translations.

Second, the sermons reflect a specific context. The excerpts from Augustine's sermons quoted above show that they were preached to the newly baptized and not to a whole congregation. Some of John Chrysostom's sermons are almost newspapers for the community, telling them what has happened in the city, and of the conflicts between the emperor and their bishop, who is trying the turn the anger of the emperor away from them. Ambrose, bishop of Milan in the late fourth century, wrote to his sister of a situation in which he found himself having to preach when the soldiers of the empress—who were not part of the church—had attempted to interrupt the service and take possession of the church. The psalm appointed for that day had been sung responsively by the congregation. It was Psalm 79, whose opening words are: "The heathen have come into thine inheritance." The psalm refers to the destruction of the Temple in Jerusalem by the Babylonians, but Ambrose used it to refer as well to the soldiers invading the church. He invited them instead of being invaders to become part of the church—to cease being heathen! It evidently worked. The soldiers began weeping and kneeling. They did not take the building. The empress was very annoyed when she heard the report. Ambrose indeed preached a powerful sermon!

Ambrose really preached an evangelistic sermon on that occasion, and one that had great effect. However, the third point to be made here is that in ancient times sermons within the service of the Word were rarely evangelistic. Evangelism occurred outside of the service. Paul preached in synagogues, and on at least one occasion in a public forum in Athens. But in the service of the Word, preaching was for Christians. It used the biblical text to explain what it meant to be baptized; what it meant to be the church, the body of Christ. The function of the sermon was to develop and nurture Christian identity, not only for individuals but above all for the congregation as a whole. Many of Paul's letters can be thought of as sermons preached from a distance. They were to be read in the service at the point of the sermon. Read Galatians or Philippians again, imagining they are being preached to a congregation rather than written to an individual. Think of them as sermons.

In English, we have lost the use of the second person singular in our grammar. When the King James Version was translated, English still had a singular second person: "thou," and a plural second person: "ye." Now we use the word "you" for both the singular and the plural. When we read Galatians or Philippians we are tempted to think of all the "you"s as singular, whereas in the Greek they are generally plural—meant for the life of the whole congregation. Reading to oneself is clearly a private experience, so the temptation is to read everything individualistically when in reality it was meant to be read aloud in the midst of the people of God and referred not only to individuals but to the whole group that was listening. In the Old Testament the words of the prophets were actual proclamations to the people—written as the prophet was inspired, but read to the people, which is why God had given the prophet such inspiration in the first place. Most of the Bible had its origin in public proclamation and was intended to be understood as a word to the whole people of God, whether Israel or the Church. Preaching in the service of the Word had as its purpose helping the congregation mature in its understanding of itself and its role in God's purposes in the world. Obviously, such growth and maturity would have an impact on the lives of individual Christians, but it had such an impact because they were part of the church, the body of the risen Christ in the world.

The task of preaching is to make a biblical text radically historical. There are two ends of this history: the past in which the text was written and the present in which it is preached. There are several different traditions as to how preaching relates to history. Some preachers look at the text and seek what might be preached from it for today, without looking at the historical context in which the passage was first written. What matters is what these words say about today, and the past context and meaning may as well be ignored. Some preachers today believe that every sermon should be evangelistic—calling people to repentance and faith, whether they are already Christians or have not yet voiced their faith. Other preachers have been taught to look at the historical setting in which a particular passage of Scripture had its origin. These preachers have fought the battle against taking verses out of context. This is most commonly the practice of those who have had seminary training. But that is only half the task.

To take history seriously involves not only seriousness about the past in which the text took its origin; it also involves seriousness about the history in which the sermon itself has its origin, the history in which we, the preacher and the congregation, live now. Yet without equal consideration for both ends of the time line, we cannot say that we have indeed made the text radically historical.

John Calvin understood this well. For him, the office of preaching was absolutely essential for the church. The Word of God actually becomes the Word for this moment in history when it is applied to the people of God by one who is called to that office by God. In the act of preaching, faithfully done, the Word ceases to be a past word and becomes a living Word. Such preaching is a necessity in order for the church to remain the church. He writes:

> Many are led either by pride, dislike, or rivalry to the conviction that they can profit enough from private reading and meditation; hence they despise public assemblies and deem preaching superfluous. But, since they do their utmost to sever or break the sacred bond of unity, no one escapes the just penalty of this unholy separation without bewitching himself with pestilent errors and foulest delusions. In order, then, that pure simplicity of faith may flourish among us, let us not be reluctant to use this exercise of religion which God, by ordaining it, has shown us to be necessary and highly approved. No one—not even a fanatical beast—ever existed who would tell us to close our ears to God. But in every age the prophets and godly teachers have had a difficult struggle with the

ungodly, who in their stubbornness can never submit to the yoke of being taught by human word and ministry. (*Inst.*, IV.1.5)

For many preachers, the Bible has appeared to be historical only in its origin. They believe they are able to discover the "meaning" of a passage by studying its original historical context. Once that is done, they rather assume they have discovered the meaning of the text in such a fashion that the meaning of that text would still be unchanged in a different congregation, in a different situation, surrounded by different world crises or local events. Therefore the sermon seems to have a timeless quality about it even though the text is historical. The historical moment of preaching seems to have no effect on the interpretation of a biblical passage. When some critical present events become dominant and preachers know that they must speak to a situation of death, war, poverty, or natural disaster, they probably bring out a concordance in order to discover a good text that will allow them to speak the word they feel is necessary. Or perhaps a celebration of the Lord's Supper is scheduled, and they need a text that addresses that. Preachers often have difficulty bridging the gap between a text not topically chosen and pressing current realities.

What if we were to take with much greater seriousness the unique, unrepeatable—that is to say, historical—character of the moment in which preaching occurs? What if the sermon is the Word proclaimed with such specificity that it cannot be repeated? What if there is no one perfect sermon from each biblical passage, but rather the same Biblical text could give rise to an infinite number of sermons, all quite appropriate and yet quite different; each one different because the events in which each sermon came to birth were distinct?

The Christian philosopher Eugen Rosenstock-Heussy has written:

> A word which fully rises to a specific occasion transforms the situation from an accident into a meaningful historical event. Jesus made no "occasional" remarks, but he spoke those words by which the event came to life fully, and it is in this life-giving capacity that we still remember them. That is to say, the more innocently an utterance is fully dedicated to this occasion and no other, the more original and eternal it may turn out to have been.

A biblical text has power when it is applied to a specific situation. As long as it can be viewed as a general truth its demands can be escaped. We can plead special circumstances so that we are an exception. But if it is specifically directed to us in our circumstances, then the truth of the text cannot be escaped.

As preachers, we often shrink from such direct application to the present moment. It is risky. We cannot look in a commentary to see how to apply the biblical passage to our own unique moment. No book can tell us. That application is the authentic, creative ability of the preacher. It is, at the same time, the activity of the Holy Spirit. It is beyond the work of scholarship. In Calvin's view, it is the God-given task of those whom God has called and the church has authorized as pastors. No one else can do it for us. Granted we must use the various tools that scholarship gives us in order to see the situation in which the words were first spoken.

Our question is how we can recover this creative task of the application of the text to our own moment in the act of preaching. How can we take the words from their original context and place them in ours without falsifying them? Obviously, they must be taken beyond their original context at some point in the sermon, or else we have done nothing but teach some interesting facts about God's actions in the past, and asked the congregation to believe them. It is not enough for us or for our congregations to know what God has done in the past. That Word of the living God must save and redeem, must judge and correct us in our own time. It is the task of the sermon to do this, so that the ancient words must leave their context and enter ours.

The text on stage

Let us imagine ourselves, as preachers, in a theater in the round. The biblical text is on stage. Overhead, surrounding the stage, are various banks of lights. These lights are the different characteristics of the present moment. Some represent world events. Others are situations of the local community or particular to the life of that congregation. Still others are more ecclesiastical: the time of the church year, the fact that the Lord's Supper or a baptism is to be celebrated. Clearly in the mind of the preacher is the original setting, the context in which the passage was first spoken, so that parallels with the current context can be seen.

The stage is dark. Like a theater director seeking the proper staging, we try the various sets of lights, one by one. Each set will focus on a different part of the text, a different character in a narrative. We try the lights. Some may not even touch the text. They land elsewhere on the darkened stage. These are evidently irrelevant for this occasion and ought not to be pushed. But one or more may touch and the text will come alive in a new way, sparkling like a finely cut jewel. Perhaps two sets of lights will merge and cast a beam different than either set alone.

We do not have to choose to preach on communion or baptism and therefore forget about whatever the headlines in the newspaper said. Both of these lights were turned on the text, and made us see the passage differently. Perhaps the passage came from the lectionary, or from a book of the Bible the congregation was dealing with intensively. However chosen, under the lights of the various present realities, secular and ecclesiastical alike, the text on stage shone with a beauty unique to that one preaching event.

Then something even more surprising happens. In return for such lights shown upon it, the text comes to life on stage, and in that moment the process begins of the text changing from a past context to our present one. The present historical setting for preaching is of hermeneutical significance. It is necessary to the process of interpretation, and not merely for a paragraph of application at the end of a sermon that has been reached independent of the historical setting of the sermon that is being created. We cannot merely change that last paragraph and the sermon is then ready to serve in a totally different context.

For many of us, placing the text in our present context simply means dealing with contemporary secular events. This is important, and must not be abandoned. But what also needs to be stressed is what can be termed "liturgical hermeneutics." This takes into account the significance of the immediate liturgical setting for the interpretation of a biblical passage. Such a setting may be a baptism, the celebration of the Lord's Supper, or a particular time in the church year.

Let us show what this means by a fairly simple example: the Twenty-third Psalm. For some of us, the natural place for this psalm is during a time of the fear of death or a time of mourning. The thoughts that God is with us through the valley of the shadow of death (v. 4) and that the faithful are welcomed into the house of the Lord forever (v. 6) are crucial at such times. However, these verses and these traditional contexts may have become so central to our understanding that we see the rest of the psalm as quite secondary. In fact, the hymn settings of the psalm have become very popular for funerals, and they often omit the verse about the table set in the midst of enemies. Somehow, that seems inappropriate for a funeral. It almost points to a fight over the will or some equally negative possibility.

But imagine that you are part of Dietrich Bonhoeffer's underground seminary in Nazi Germany. You are gathered for communion. Obviously, the words about walking in the shadow of death would be relevant, but even more surprising would be verse 5: "Thou preparest a table before me in the presence of mine enemies." The enemies at that point would be very real. Stressing that verse would give this communion service a new dimension: God has indeed once again set this Table before them; their enemies will not have the last word.

At any communion service we can be aware that the Table is always in the presence of the enemies over whom Christ has won the victory. The enemies may not be as concrete as in the situation with the Nazis, but in Paul's words, "we wrestle not against flesh and blood, but against principalities, against powers, against the rulers of the darkness of this world, against spiritual wickedness in high places" (Ephesians 6:12). However we understand these powers, the message of the gospel is that these powers have been conquered, and we need not fear. Whether we battle despair, meaninglessness, economic fears, loss and grief, at the Table set before us in the midst of such enemies, we can experience the presence of God, the God who has claimed us by name in baptism and will not let us go, the God who in Christ has won the victory. It still remains a victory hidden except to faith, but a victory that will ultimately be revealed to all the world. During Holy Week, the preacher can stress the power of evil in the world. It is this power that led to the cross of Christ. If the preaching is at Easter, the message of the season is the victory over the forces of evil that the resurrection of Jesus makes clear.

The first three verses of the psalm are often overlooked, since they seem to be there only to lead into the more important parts. But taken by themselves, they are joyous praise for a life in which God's presence has been clear all along the way. They speak of safety and plenty: still waters so that the sheep will not be swept away when they drink; green pastures so they can eat their fill and rest in safety. All of this is the work of the Good Shepherd who leads the flock. The third verse speaks of restoring our souls, of the Shepherd's calling us back if we are in danger. The paths in which the Shepherd leads are paths of justice and righteousness. When we follow them we give glory to the one who leads—we honor the Shepherd's name.

Such words might be helpful at a baptism where the person—an infant or a young person—has so far been surrounded by love and protection. The task of the church and the family is to make sure such goodness does not lead to a neglect of God but rather to an awareness that such pleasant pastures come from the hand of God and are intended to lead us to greater thankfulness and willingness to follow in God's paths of righteousness. We can pray that all children grow up with such a sense of safety and security. In prayers the congregation can pray for all children, especially those who are without such security: the homeless, those in war zones, those who go to bed hungry. The emphasis needs to be that where there is such goodness it is intended to lead the child into paths of righteousness. Just being thankful that there has been such goodness is not enough.

If this is used at a baptism of a child or young person, they can be assured that there will be times in the future when there will be need for the rest of the psalm—words about the shadow of death and enemies—but for the moment it is the beginning of the psalm that probably is most relevant. The Christmas season would bring to mind the Christ child who had no room but was born in a stable, and had to flee into exile because Herod wanted to kill him. In spite of this, his family surrounded him with love and security.

Imagine preaching this text in a community in which there has been an enormous tragedy, a community that always felt safe and secure before this event shook them. It is a communion Sunday. The congregation may question how God could allow such an event. The first three verses might then be used to describe their previous sense of security. (The question might be raised whether such security truly led them in paths of righteousness, although that may be left for later in the grieving process.) It is the same psalmist who goes on to verses 4 and beyond to confidence in God even in the shadow of death. There is a future beyond the valley. There will be green pastures and still waters again. The God of Israel and the Church likes tables. The Passover meal, the Sabbath meal, the Lord's Supper: all are meals instituted by God. They are covenant meals, reinforcing the understanding that we are God's people, the sheep of God's pasture. These meals were not created by human beings but rather by the God who knows that we are frail creatures who need to be assured time and time again that God is indeed for us. The same God who set a table before the psalmist now sets a Table before this congregation, in the midst of all the evil possibilities that attend such tragedy. Even though the human agents of such tragedy—if such there are—can be dealt with by the state, there still remain all of the secondary tragedies that accompany such events: recriminations, guilt that we could have done something, fear that now there will be no future, nothing worth living for. The Table is a sign that the God who leads us through the valley of the shadow of death also leads us out of that valley. God's goodness and mercy will continue to be with them, and the Table is the sign of this promise. Goodness and mercy will follow them all the days of their lives, even forever.

Let us look at another text, this time a brief narrative passage from the Gospel of Luke: the story of Mary and Martha in Luke 10:38-42. Imagine that for some reason this is the text that you are to preach on and some additional element is added to the service. The story is brief. Jesus is visiting in the home of the sisters Mary and Martha. Martha went to the kitchen to prepare a meal for him while Mary sat at his feet and heard his teachings. Martha complained that Mary should be out in the kitchen helping her, and asked Jesus to send her out there. But Jesus's response is that Mary has made the better choice, and it shall not be taken from her.

At least two uses have been made of this passage over the centuries. First, it was a passage used when a medieval Roman Catholic nun took her final vows. The words that Mary has chosen the better part pointed to the traditional medieval view that the life of a monk or nun was superior to the life of marriage, a view that is no longer held. Martha represented all of the tasks that life in a family required, leaving little time to do what the life of nuns and monks guaranteed: listening to the words of the Lord and meditating on them. A second typical use was more popular in Protestant churches. Mary and Martha represent two necessary areas of the Christian life: devotion and service. Many congregations organized the women's gatherings into Mary circles and Martha circles. Mary circles did Bible study and Martha circles engaged in service projects. This easy division ignored the words of Jesus that Mary had indeed chosen the better part.

From the text it appears that although Jesus may have been traveling with a group of disciples, he alone was invited by Martha into the home she shared with her sister Mary. Since Martha had issued the invitation, she probably felt more responsible as a hostess for the guest she had invited. Her reaction to Mary's staying with Jesus is quite understandable. If you invite a guest you need to prepare a meal, and she did not think she should do it alone. It is interesting that rather than speaking directly to Mary, she asks Jesus to send Mary into the kitchen. Martha is probably not pleased with the response Jesus gave, but we are not told any more.

Imagine using this text at the baptism of someone who had not grown up in the church, and now as an adult, wishes to become a Christian. Martha invited Jesus into her home, and then went on about her life as usual, as though he were simply a guest she needed to feed. Mary is aware that this guest is the Lord, and the task is to listen to him. Jesus can let them know when it is time to worry about dinner. Baptism is the beginning of the Christian life; it is not the end. Life after baptism should not be the same as life before. Even those early Christians who spent two years or so in preparation for baptism knew that what lay ahead, in life after baptism, was to be a new life, a life of discipleship. So the newly baptized person now should also be aware that this moment is a beginning, and life cannot go on as before. In addition, if the congregation invites someone into their family by baptism, they need to help him or her understand that the first task of all members is to listen to the Lord. The church is not simply another human organization. It is the Body of Christ in the world. It operates by different standards than a fraternal organization or a club. Becoming part of the church is obviously important, but it is not an end in itself. The entire congregation is seeking to become more faithful, to listen to the Lord more fully, and not to be conformed to the world around it. Mary had indeed chosen the better part.

If this passage is used at a communion service it raises the question of what is the food we seek in this sacrament. It is not simply another meal (especially with a mere sample of bread and wine/grape juice). It is an occasion to meet with the Risen Lord who invites us to the Table and who serves us there. Martha invited Jesus, but wherever Jesus is, he is the Lord. Here, at communion, he is the one who issues the invitation. There is a framed statement that is often hung in the dining room of a Christian family: "Jesus is the unseen guest at this table." The sentiment may be good, but in many ways it is misleading. Jesus is never a guest. If he comes into our homes or into our lives, he is the Lord. We cannot control what he will do or how he will rearrange our priorities. If we try to keep him a guest—with ourselves as the hosts—it will not work. He comes into our lives on his terms, not ours. Mary understood this, but it is not clear that Martha did. Perhaps the words of Jesus changed her mind.

This might be a helpful passage around the Christmas season as a reminder to the members that all the work that goes into the celebration, all the guests coming to stay or the dinners to be prepared, the gifts to be gotten, and so forth, can be rather like Martha's choice of activities. The season to celebrate the birth of Jesus should make us more like Mary, tending to Jesus's words and teachings, allowing all the other activities to fall into their very secondary place. It is a word for a congregation as well. It does no good to be so exhausted with all the special services, added choir rehearsals, decorations—all of which may be good— and lose sight of the real purpose of the celebration. It raises the question: How can the church help its members—and its staff— keep their priorities straight in this hectic but beautiful season?

The whole worship service

The sermon is but one part of the wider worship service. The pastor needs to be aware of how the thrust of the sermon is supported and complemented by the music, the prayers, and other elements of the whole service. If the church year is a used, it is more likely that there will be such co-ordination. This does not mean that the pastor alone should take over the whole service. But it does mean that there could be a worship committee of representatives of the people in charge of the music and interested members of the congregation who meet with the pastor in the week or weeks before the service. If the pastor has a general idea of what text and emphasis the sermon will have, those in charge of other parts of the service could think about how they could be supportive of this. There are other parts of the service the pastor may do—baptism or communion, prayers, calls to worship, benedictions, and so forth. These also need to be considered in light of the general theme of the whole service.

But it is important to remember that the early church assumed all sermons were to the baptized and were for the purpose of helping the congregation understand what this meant for their growth in discipleship. Even though today there may be people present who are not baptized nor members of a church, and therefore the sermon cannot limit itself to evangelism, as if believers are not being addressed too. The reason why a pastor can preach to a congregation about their responsibilities, about the promises God has made to them, is because they are baptized. Therefore, every sermon is in a context of baptism even if there is no one to be baptized in that service. This does not mean that the topic of the sermon is baptism but that the sermon, among other things, mentions the relevance of the text for baptism. The same is true of communion. It is not necessary to have communion as a topic, but many passages can shed light on the meaning of communion if communion is one of the elements kept in mind from the beginning of the preparation of the sermon. This should never be a forced connection, but a true and unexpected one may well appear, to the surprise of the preacher. The entire service is for the worship of God and for the growth of the congregation in what it means to be God's people, and that requires prayerful thought on the part of everyone involved.

100

Epilogue

Worship must not be thought of as so holy that it cannot be changed, nor as so unimportant that anything goes and there are no absolutely essential elements that must be maintained. Pastors play a central role in planning and leading in the worship of the church. Denominational traditions also play an important part. But there is also good reason to involve the congregation in thinking about what they are doing when they worship and how the worship of this particular congregation can be strengthened.

Worship needs to be related to the culture in which it occurs, as well as representing a new creation, a new culture that challenges some of the values and characteristics of the surrounding society. There were many things not discussed in the foregoing pages that would show even more how culture effects worship. For instance, in the early church—and for centuries later—many of the scripture readings and prayers were chanted. This was because words chanted to music can be heard far better than spoken words. We have microphones, so the need for chanting is not there, even though we might want to use it on occasion. The early church had no hymnbooks and most Christians probably could not read even if there had been copies. Therefore, though there were hymns that people knew from memory, often psalms were chanted with a simple congregational response after each verse. We now live in a time when many people cannot read music, and therefore the words alone of the hymns are sufficient. We also have the means to project the words on a screen for all to read, and we have a far higher percentage of members who can read. We may have different language barriers because of migration and immigration, but the early church also had to deal with that.

Even though there is no need to copy worship from a different time and place, there is also value in seeing how Christians worship in different setting. We have looked at the picture we now have of the worship of the early church. What should we do with such knowledge? It might be helpful for a group of members of a congregation to list ways in which their current worship is like that of the early church. Would they feel at home in that ancient worship? In what ways? Another list could be drawn up of the elements of that early worship that are very different, that would make it seem strange to a contemporary worshipper. Are any of these different elements things that might be useful and welcome in today's worship? How?

There are also other questions that can be asked: When did the form of worship we now have begin to be used? Can older members tell us whether the worship has changed from what they remember from years earlier? Why did it change? Were those changes helpful? Are there further changes that need to be made? For instance: fifty years ago it could be expected that anyone in the society knew at least the basic outline of the Christian message. Is that still the case? How can we discover if this is the case? Is there a need for greater education of those who seek membership? Is there a need for greater education of those already members? How can this be done? Are there changes in the way we worship that could help in such education? Are there generational differences in how worship is perceived? How do we make it possible for all ages to worship together? Is there a need to educate the congregation about worship? If this brief book leads pastors and congregations to ask such questions, its purpose will have been served.

Appendices

The Didache or
The Teaching of the Twelve Apostles

Introductory note: *This little book, which had great influence during the first centuries of the history of the church, was lost until discovered in a library in Istanbul in 1875. The text was originally in Greek, but there were also fragments of translations in other languages such as Latin, Arabic, Coptic, and Syriac. Scholars agree that although it bears the title of The Teaching of the Twelve Apostles it is not a work of the Twelve but is a writing of a time after the lives of the Apostles, and possibly a compilation of various ideas and practices that were circulating when the book was written. Even so, the document is very valuable for the study of early Christian worship, since it appears to have been written at an early time, possibly during the first century, when some of the books that form the New Testament were being written. It gives instructions about various practices in the life of the church, the duties of leaders, etc. The passages that are cited here are those that refer specifically to the concerns in this book.*

The text:

> 7. And concerning baptism, baptize this way: Having first said all these things, baptize into the name of the Father, and of the Son, and of the Holy Spirit, in living water. But if you have no living water, baptize into other water; and if you cannot do so in cold water, do so in warm. But if you have neither, pour out water three times upon the head into the name of Father and Son and Holy Spirit. But before the baptism let the baptizer fast, and the baptized, and whoever else can; but you shall order the baptized to fast one or two days before.

8. But let not your fasts be with the hypocrites, for they fast on the second and fifth day of the week. Rather, fast on the fourth day and the Preparation (Friday). Do not pray like the hypocrites, but rather as the Lord commanded in His Gospel, like this:

Our Father who art in heaven, hallowed be Thy name. Thy kingdom come. Thy will be done on earth, as it is in heaven. Give us today our daily (needful) bread, and forgive us our debt as we also forgive our debtors. And bring us not into temptation, but deliver us from the evil one (or, evil); for Thine is the power and the glory for ever.

Pray this three times each day.

9. Now concerning the Eucharist, give thanks this way. First, concerning the cup:

We thank thee, our Father, for the holy vine of David Thy servant, which Thou madest known to us through Jesus Thy Servant; to Thee be the glory for ever.

And concerning the broken bread:

We thank Thee, our Father, for the life and knowledge which Thou madest known to us through Jesus Thy Servant; to Thee be the glory for ever. Even as this broken bread was scattered over the hills, and was gathered together and became one, so let Thy Church be gathered together from the ends of the earth into Thy kingdom; for Thine is the glory and the power through Jesus Christ for ever.

But let no one eat or drink of your Eucharist, unless they have been baptized into the name of the Lord; for concerning this also the Lord has said, "Give not that which is holy to the dogs."

10. But after you are filled, give thanks this way:

We thank Thee, holy Father, for Thy holy name which Thou didst cause to tabernacle in our hearts, and for the knowledge and faith and immortality, which Thou madest known to us through Jesus Thy Servant; to Thee be the glory for ever. Thou, Master almighty, didst create all things for Thy name's sake; Thou gavest food and drink to men for enjoyment, that they might give thanks to Thee; but to us Thou didst freely give spiritual food and drink and life eternal through Thy Servant. Before all things we thank Thee that Thou art mighty; to Thee be the glory for ever. Remember, Lord, Thy Church, to deliver it from all evil and to make it perfect in Thy love, and gather it from the four winds, sanctified for Thy kingdom which Thou hast prepared for it; for Thine is the power and the glory for ever. Let grace come, and let this world pass away. Hosanna to the

God (Son) of David! If any one is holy, let him come; if any one is not so, let him repent. Maranatha. Amen.

But permit the prophets to make Thanksgiving as much as they desire.

. . .

14. But every Lord's day gather yourselves together, and break bread, and give thanksgiving after having confessed your transgressions, that your sacrifice may be pure. But let no one who is at odds with his fellow come together with you, until they be reconciled, that your sacrifice may not be profaned. For this is that which was spoken by the Lord: "In every place and time offer to me a pure sacrifice; for I am a great King, says the Lord, and my name is wonderful among the nations."

Justin's First Apology

Introductory note: Justin Martyr was a native of Samaria, but spent a good part of his adult life in Rome, where he died as a martyr around the year 165. Some ten years before, he sent to the Emperor Antoninus Pius and his two sons, Marcus Aurelius and Lucius Verus, the document we now know as The First Apology. In it he seeks to give a description of the life, beliefs, and practices of Christians, for the purpose of lessening the persecution. In this writing we are given some of the earliest descriptions of the worship practices of Christians.

The text:

65. But we, after we have thus washed him who has been convinced and has assented to our teaching, bring him to the place where those who are called brethren are assembled, in order that we may offer hearty prayers in common for ourselves and for the baptized [illuminated] person, and for all others in every place, that we may be counted worthy, now that we have learned the truth, by our works also to be found good citizens and keepers of the commandments, so that we may be saved with an everlasting salvation. Having ended the prayers, we salute one another with a kiss. There is then brought to the president of the brethren bread and a cup of wine mixed with water; and he taking them, gives praise and glory to the Father of the universe, through the name of the Son and of the Holy Ghost, and offers thanks at considerable length for our being

counted worthy to receive these things at His hands. And when he has concluded the prayers and thanksgivings, all the people present express their assent by saying Amen. This word Amen answers in the Hebrew language to γένοιτο [so be it]. And when the president has given thanks, and all the people have expressed their assent, those who are called by us deacons give to each of those present to partake of the bread and wine mixed with water over which the thanksgiving was pronounced, and to those who are absent they carry away a portion.

66. And this food is called among us Εὐχαριστία [the Eucharist], of which no one is allowed to partake but the man who believes that the things which we teach are true, and who has been washed with the washing that is for the remission of sins, and unto regeneration, and who is so living as Christ has enjoined. For not as common bread and common drink do we receive these; but in like manner as Jesus Christ our Saviour, having been made flesh by the Word of God, had both flesh and blood for our salvation, so likewise have we been taught that the food which is blessed by the prayer of His word, and from which our blood and flesh by transmutation are nourished, is the flesh and blood of that Jesus who was made flesh. For the apostles, in the memoirs composed by them, which are called Gospels, have thus delivered unto us what was enjoined upon them; that Jesus took bread, and when He had given thanks, said, "This do ye in remembrance of Me, this is My body;" and that, after the same manner, having taken the cup and given thanks, He said, "This is My blood;" and gave it to them alone. . . . . .

67. And we afterwards continually remind each other of these things. And the wealthy among us help the needy; and we always keep together; and for all things wherewith we are supplied, we bless the Maker of all through His Son Jesus Christ, and through the Holy Ghost. And on the day called Sunday, all who live in cities or in the country gather together to one place, and the memoirs of the apostles or the writings of the prophets are read, as long as time permits; then, when the reader has ceased, the president verbally instructs, and exhorts to the imitation of these good things. Then we all rise together and pray, and, as we before said, when our prayer is ended, bread and wine and water are brought, and the president in like manner offers prayers and thanksgivings, according to his ability, and the people assent, saying Amen; and there is a distribution to each, and a participation of that over which thanks

have been given, and to those who are absent a portion is sent by the deacons. And they who are well to do, and willing, give what each thinks fit; and what is collected is deposited with the president, who succours the orphans and widows and those who, through sickness or any other cause, are in want, and those who are in bonds and the strangers sojourning among us, and in a word takes care of all who are in need. But Sunday is the day on which we all hold our common assembly, because it is the first day on which God, having wrought a change in the darkness and matter, made the world; and Jesus Christ our Saviour on the same day rose from the dead. For He was crucified on the day before that of Saturn (Saturday); and on the day after that of Saturn, which is the day of the Sun, having appeared to His apostles and disciples, He taught them these things, which we have submitted to you also for your consideration.

The Apostolic Tradition of Hippolytus

Introductory note: Hippolytus was bishop of Rome at the beginning of the third century, and died as a martyr in the year 235. Some twenty years before he composed The Apostolic Tradition, which had been lost until rediscovered in various versions (Latin, Ethiopic, Arabic and Coptic) during the nineteenth century and identified as a work of Hippolytus in the twentieth. Hippolytus was bishop in Rome and part of a movement that divided the church between two rival bishops. Hippolytus represented the more conservative party in the dispute, and for that reason scholars think that, although this document was written in 215, it probably reflects what happened in Rome during a time before Hippolytus. It contains sections concerning the functions of bishops, presbyters, and deacons, and a very detailed description of the process through which people became catechumens and then received baptism. Section 21, which follows, gives instructions for baptism.

The text:

21. At the hour in which the cock crows, they shall first pray over the water. ²When they come to the water, the water shall be pure and flowing, that is, the water of a spring or a flowing body of water. ³Then they shall take off all their clothes. ⁴The children shall be baptized first. All of the children who can answer for themselves, let them answer. If there are any children who cannot answer for

themselves, let their parents answer for them, or someone else from their family. ⁵After this, the men will be baptized. Finally, the women, after they have unbound their hair, and removed their jewelry. No one shall take any foreign object with themselves down into the water.

⁶At the time determined for baptism, the bishop shall give thanks over some oil, which he puts in a vessel. It is called the Oil of Thanksgiving. ⁷He shall take some more oil and exorcise it. It is called the Oil of Exorcism. ⁸A deacon shall hold the Oil of Exorcism and stand on the left. Another deacon shall hold the Oil of Thanksgiving and stand on the right.

⁹When the elder takes hold of each of them who are to receive baptism, he shall tell each of them to renounce, saying,

"I renounce you Satan, all your services, and all your works." ¹⁰After he has said this, he shall anoint each with the Oil of Exorcism, saying, "Let every evil spirit depart from you." ¹¹Then, after these things, the bishop passes each of them on nude to the elder who stands at the water. They shall stand in the water naked. A deacon, likewise, will go down with them into the water. ¹²When each of them to be baptized has gone down into the water, the one baptizing shall lay hands on each of them, asking, "Do you believe in God the Father Almighty?" ¹³And the one being baptized shall answer, "I believe." ¹⁴He shall then baptize each of them once, laying his hand upon each of their heads. ¹⁵Then he shall ask, "Do you believe in Jesus Christ, the Son of God, who was born of the Holy Spirit and the Virgin Mary, who was crucified under Pontius Pilate, and died, and rose on the third day living from the dead, and ascended into heaven, and sat down at the right hand of the Father, the one coming to judge the living and the dead?" ¹⁶When each has answered, "I believe," he shall baptize a second time. ¹⁷Then he shall ask, "Do you believe in the Holy Spirit and the Holy Church and the resurrection of the flesh?" ¹⁸Then each being baptized shall answer, "I believe." And thus let him baptize the third time.

¹⁹Afterward, when they have come up out of the water, they shall be anointed by the elder with the Oil of Thanksgiving, saying, "I anoint you with holy oil in the name of Jesus Christ." ²⁰Then, drying themselves, they shall dress and afterwards gather in the church.

²¹The bishop will then lay his hand upon them, invoking, saying,

"Lord God, you who have made these worthy of the removal of sins through the bath of regeneration, make them worthy to be filled with your Holy Spirit, grant to them your grace, that they might serve you according to your will, for to you is the glory,

Father and Son with the Holy Spirit, in the Holy Church, now and throughout the ages of the ages. Amen.

[22]After this he pours the oil into his hand, and laying his hand on each of their heads, says,

"I anoint you with holy oil in God the Father Almighty, and Christ Jesus, and the Holy Spirit."

[23]Then, after sealing each of them on the forehead, he shall give them the kiss of peace and say,

"The Lord be with you."

And the one who has been baptized shall say,

"And with your spirit."

[24]So shall he do to each one.

[25]From then on they will pray together will all the people. Prior to this they may not pray with the faithful until they have completed all. [26]After they pray, let them give the kiss of peace.

[27]Then the deacons shall immediately bring the oblation. The bishop shall bless the bread, which is the symbol of the Body of Christ; and the bowl of mixed wine, which is the symbol of the Blood which has been shed for all who believe in him; [28]and the milk and honey mixed together, in fulfillment of the promise made to the fathers, in which he said, "a land flowing with milk and honey," which Christ indeed gave, his Flesh, through which those who believe are nourished like little children, by the sweetness of his Word, softening the bitter heart; [29]and water also for an oblation, as a sign of the baptism, so that the inner person, which is psychic, may also receive the same as the body. [30]The bishop shall give an explanation of all these things to those who are receiving.

[31]Breaking the bread, distributing a piece to each, he shall say, "The Bread of Heaven in Jesus Christ."

[32]And the one who receives shall answer,

"Amen."

[33]The elders, and the deacons if there are not enough, shall hold the cups and stand together in good order and with reverence: first the one who holds the water, second the one who holds the milk, and third the one who holds the wine. [34]They who partake shall taste of each three times.

And he who gives shall say,

"In God the Father Almighty."

The one who receives shall respond,
"Amen."
[35]The one giving shall say,
"And in the Lord Jesus Christ."
The one who receives shall respond,
"Amen."
[36]The one giving shall say,
"And in the Holy Spirit, and in the Holy Church."
And the one who receives shall respond,
"Amen."
[37]It shall be done so for each.
[38]When these things are done, they shall be zealous to do good works, and to please God, living honorably, devoting themselves to the church, doing the things which they were taught, and advancing in piety.

The *Paschal Homily* of Melito of Sardis

Introductory note: The Paschal Homily *of Melito of Sardis was lost until it was rediscovered in 1940. Melito was bishop of Sardis—the same city that appears in the book of Revelation— around 170 or 180. Ancient writers mention some twenty books by him, but only a few fragments were known until this homily was discovered. It is a sermon in celebration of the resurrection of Jesus.*

This homily is an excellent example of what has been called "typological interpretation" of Scripture. Such an interpretation takes events in the Old Testament as prefiguring Jesus Christ and his work. God has been leading human history, and particularly the history of Israel, along a path that leads to Jesus, and along which patterns of divine action appear that point to the Savior.

The text:

The Scripture about the Hebrew Exodus has been read and the words of the mystery have been explained as to how the sheep was sacrificed and the people were saved.

Therefore, understand this, O beloved: the mystery of the Passover is new and old,
eternal and temporal,

110

corruptible and incorruptible,
mortal and immortal.
It is old insofar as it concerns the law,
but new insofar as it concerns the Word;
temporal insofar as it concerns the type,
eternal because of grace;
corruptible because of the sacrifice of the sheep,
incorruptible because of the life of the Lord;
mortal because of his burial in the earth,
immortal because of his resurrection from the dead.
The law is old
but the gospel is new;
the type was for a time,
but grace is forever.
The sheep was corruptible,
But the Lord is incorruptible.
. . . .

Hence, the sacrifice of the sheep,
and the sending of the lamb to slaughter,
and the writing of the law,
each led to and issued in Christ,
for whose sake everything happened in the ancient law,
and even more so in the new Word.
For indeed the law issued in the Word,
the old in the new, both coming forth together from Zion and
Jerusalem;
and the commandment issued in grace,
and the type in the finished reality,
and the lamb in the Son,
and the sheep in a man,
and the man, God.
. . . .

So indeed also the mystery of the Lord,
Prefigured long in advance ,
but today made visible,
becomes stronger now that it is fulfilled
even though humankind may disdain it.
Because both old and new,
such is the mystery of the Lord!
Old according to the foreshadowing;
new according to grace.

. . . .

Therefore, if you wish to see the mystery of the Lord, remember
Abel, like him killed
Isaac, like him bound
Joseph, like him sold
Moses, like him abandoned
David, like him persecuted
and the prophets, who like him suffered.

. . . .

Draw near then, all human families, wasted by your sins,
and receive the redemption of sins.
Because I am your redemption [says the Lord].
I am the Passover of your salvation.
I am the lamb slain for you.
I am the water of your cleansing.
I am your life.
I am your resurrection.
I am your light.
I am your salvation.
I am your king.
It is I who lifts you above the heavens.
I who will resurrect you there.
I who will show you the eternal Father.
I who will raise you by my own hand.
Thus says the creator of heaven and earth,
who from the beginning gave form to the human,
who was announced by the prophets,
who became flesh in a virgin,
who hung from a cross,
who was buried beneath the ground,
who rose from among the dead
and ascended to the highest heaven,
who sits at the right hand of the Father,
who has power to judge and to save,
by whom the Father made all that is,
from the beginning and throughout eternity.
He is the alpha and the omega,
he the beginning,
and he the end.
As the beginning, unspeakable,
And as the end, incomprehensible.

This is the Christ.
This is the King.
This is Jesus.
This is the General.
This is the Lord.
This is the one who rose from among the dead
and sat at the right of the Father.
This is the one that leads to the Father, and to whom the Father
leads.
To him be glory and power forever and ever.
Amen.

A *Homily on Christmas* by Leo the Great

Introductory note: *Leo, generally known as "the Great," was bishop of Rome from the year 440 until his death in 461. One of the signs of the greatness of Leo was his preaching. Of the numerous homilies or brief sermons that have been preserved, many deal with the relationship between the great moments in the life of Jesus, the major doctrines of the church, and the life of the faithful. There are homilies on the Nativity, the Transfiguration, the Passion of Jesus, the Ascension, Pentecost, Lent, fasting, the Beatitudes, and others. What is here is a portion of the first of ten homilies of Leo on the theme of Christmas.*

The text:

Our Savior, dearly-beloved, was born today: let us be glad. For there is no proper place for sadness, when we keep the birthday of the Life, which destroys the fear of mortality and brings to us the joy of promised eternity. No one is kept from sharing in this happiness. There is for all one common measure of joy, because as our LORD the destroyer of sin and death finds none free from charge, so is He come to free us all. Let the saint exult in that he draws near to victory. Let the sinner be glad in that he is invited to pardon. Let the gentile take courage in that he is called to life.

For the Son of God in the fullness of time which the inscrutable depth of the Divine counsel has determined, has taken on him the nature of man, thereby to reconcile it to its Author: in order that the inventor of death, the devil, might be conquered through that (nature) which he had conquered.

. . .

Therefore the exulting angel's song when the Lord was born is this, "Glory to God in the Highest," and their message, "peace on earth to men of good will." For they see that the heavenly Jerusalem is being built up out of all the nations of the world: and over that indescribable work of the Divine love how ought the humbleness of men to rejoice, when the joy of the lofty angels is so great?

Let us then, dearly beloved, give thanks to God the Father, through His Son, in the Holy Spirit, Who "for His great mercy, wherewith He has loved us," has had pity on us: and "when we were dead in sins, has quickened us together in Christ," that we might be in Him a new creature and a new creation. Let us put off then the old man with his deeds: and having obtained a share in the birth of Christ let us renounce the works of the flesh. Christian, acknowledge thy dignity, and becoming a partner in the Divine nature, refuse to return to the old baseness by degenerate conduct. Remember the Head and the Body of which thou art a member. Recollect that thou wert rescued from the power of darkness and brought out into God's light and kingdom. By the mystery of Baptism thou wert made the temple of the Holy Ghost: do not put such a denizen to flight from thee by base acts, and subject thyself once more to the devil's thralldom: because thy purchase money is the blood of Christ.

Lecciones del culto antiguo para la iglesia de hoy

Introducción

$\mathcal{E}$s muy probable que la mayoría de las congregaciones de hoy piensen que su culto es semejante al de tiempos del Nuevo Testamento. Algunas celebran el culto con mucha ceremonia, y otras no tienen más que cánticos, oraciones y un sermón. Hay debates, y hasta divisiones, acerca de cómo el culto ha de celebrarse. Pero en los últimos cincuenta años se ha descubierto que el culto en la iglesia antigua era bien diferente de todos los varios modos en que diversas iglesias han adorado durante los siglos más recientes. Durante los siglos XIX y XX se descubrieron varios documentos antiguos que son de suma importancia para entender el culto antiguo. El resultado de tales descubrimientos fue la conclusión de que ni la Iglesia Católica ni las iglesias evangélicas adoraban como lo hacía la iglesia de los siglos segundo y tercero. Lo que es más, lo que la mayoría de las iglesias protestantes llama el "culto tradicional" es en realidad el culto del siglo XIX. Los eruditos tomaron varios años para reunir y traducir esos documentos, pero la información resultante ha cambiado radicalmente nuestro entendimiento del culto antiguo.

No es necesario pensar que el culto de hoy debería seguir el patrón del culto en la iglesia antigua, y amoldarse a él. Pero sí hay una razón para pensar que el conocimiento de lo que se hacía entonces puede ser de valor para hoy. En aquellos tiempos, cuando no se perseguía a la iglesia, apenas si se le toleraba. Resultaba claro que quien se unía a la iglesia se salía de los patrones de la sociedad circundante, y que esto podía acarrearle peligro. Por eso la iglesia tenía que asegurarse de que quienes decidían unirse a ella entendían y aceptaban los riesgos que eso conllevaba. Además, tales personas tenían que ser instruidas en la fe, pues la sociedad en general no tenía interés alguno en conocer ni en seguir los valores y prácticas de los cristianos. Pero a principios del siglo IV todo esto cambió radicalmente. El emperador Constantino comenzó a apoyar a la iglesia, y no solo promulgó la tolerancia religiosa, sino que también favoreció a la iglesia por encima de otros grupos concediéndole privilegios en cuanto a impuestos y el servicio militar. Además hizo del domingo día de asueto para la mayoría de la población. Ahora todos querían unirse a la iglesia, de modo que en menos de un siglo aquel grupo antes perseguido vino a ser la principal institución religiosa en todo el Imperio Romano, y ahora contaba con el apoyo de la sociedad en general.

Quienes vivimos en el mundo occidental —es decir, la parte del mundo en que (aparte del judaísmo, que por lo general se ha tolerado, pero no apoyado) el cristianismo ha sido prácticamente la única religión— estamos viendo ahora la erosión de ese antiguo apoyo social. No se persigue a la iglesia, pero la secularización ha llegado a tal punto que es muy posible que personas distinguidas y respetadas en la sociedad no tengan relación alguna con ninguna iglesia. En algunas zonas urbanas, el ir a la iglesia se llega a ver como una curiosa reliquia del pasado. Se piensa que quien participa de la vida de la iglesia no pertenece en realidad a la sociedad contemporánea, en la que dominan la ciencia y la tecnología, y en la que no hay lugar para la providencia de Dios ni para el misterio. Esto quiere decir que, en lo que a la fe se refiere, nuestra sociedad se va pareciendo cada vez más a la del siglo II, y menos a la del XIX. En tales circunstancias, el culto de la iglesia antigua puede ayudarnos a responder a los retos de la vida cristiana en la sociedad en que vivimos. Luego, es importante que los líderes de la iglesia conozcan lo que se ha descubierto de aquel culto, y de la ayuda que tales descubrimientos puedan prestarnos.

Tal estudio es valioso además por otra razón: nos ayuda a ver el Nuevo Testamento a través de los ojos de los creyentes de entonces. El Nuevo Testamento no nos da instrucciones acerca del culto. No nos dice mucho acerca de cómo se celebraban la comunión y el bautismo. Sí menciona himnos, oraciones, predicación, reunirse, comer juntos. Pero no nos dice cómo era que tales cosas se hacían. Mas ahora que conocemos más del culto antiguo podemos ver reflejos de él en el Nuevo Testamento —reflejos que antes no veíamos.

Este libro no es una nueva declaración acerca de cómo el culto debería llevarse a cabo. Su propósito es más bien dar a conocer lo que sabemos acerca del culto en la iglesia antigua y cómo ilumina nuestra lectura del Nuevo Testamento. Trata de ayudarnos a ver por qué lo que llamamos "adoración tradicional" es como es, y por qué es tan diferente del culto del siglo II. El lector o lectora tendrá que decidir por cuenta propia en qué modos tal conocimiento pueda ayudarnos en nuestra situación presente, y ante los rápidos cambios a que nos abocamos. Muy probablemente, el modo en que la iglesia adora es el modo más efectivo en que el discipulado se fortalece y nuestra identidad cristiana se afianza.

1. La Iglesia Antigua

Imagine que usted es un judío fiel que vive en Judea poco después de los tiempos de Jesús. La iglesia está creciendo según se le van añadiendo aquellos judíos que creen el mensaje de que Jesús fue ciertamente el Mesías prometido, que se levantó de entre los muertos y que vive. El Reino de Dios ha irrumpido dentro de este mundo caído. Usted escucha el mensaje, y lo cree. ¿Qué ha de hacer entonces? Usted asiste a la sinagoga y guarda el sábado así como todas las demás leyes del judaísmo. No come aquellos alimentos que están prohibidos en esas leyes. No se mezcla con gentiles. Pero estos cristianos son todos judíos. Todos van al templo igual que usted. También guardan las leyes. Además de todas estas observancias judías, estos judíos cristianos se reúnen el primer día de la semana, el día después del sábado judío. Usted asiste a algunas de sus reuniones, temprano en la mañana o al atardecer. En tales reuniones, quizá usted come con ellos en el hogar de algún miembro de la iglesia, y participa de sus oraciones. Cuando decide unirse a la iglesia, se le dice que tiene que ser bautizado. Esto puede hacerse con facilidad. Se le bautiza en un servicio sencillo, quizá en un río, y luego se le permite participar en el servicio de la Cena del Señor, que es también una comida, aunque en ella se hace énfasis especial sobre el pan y el vino.

Pero consideremos ahora otra situación, poco más tarde en ese mismo siglo I, pero ahora en otra provincia del Imperio Romano fuera de Judea. Imaginemos ahora que usted es un gentil, pero ha conocido a muchos judíos y admira su modo de vida. En particular aprecia sus enseñanzas éticas y su énfasis en

123

el monoteísmo. Los judíos son muy diferentes de todos los demás grupos dentro del Imperio Romano. Usted ha pensado quizá en convertirse al judaísmo, pero nunca lo ha hecho. Aunque asiste frecuentemente a los servicios de la sinagoga, no le atrae el tema de la circuncisión ni tampoco las leyes respecto a los alimentos —leyes que le será imposible cumplir si se sienta a la mesa con sus familiares y amistades. Todo esto quiere decir que usted es lo que los judíos de entonces llamaban un "temeroso de Dios". (Cornelio, cuya historia se narra en Hechos 10, era uno de esos temerosos de Dios.) Pero ahora ha venido a la sinagoga a que usted asiste un predicador cristiano quien ha proclamado el mensaje de que el Mesías esperado ha venido. Este mensaje le atrae mucho, así como también le atrae el grupo de creyentes cristianos. En esta nueva comunidad no se requiere la circuncisión física, ni tampoco se siguen las leyes sobre los alimentos, ni se insiste en mantenerse separados de los gentiles. Pero sí se conservan las leyes morales del judaísmo así como su monoteísmo. Cuando usted decide hacerse miembro de la iglesia, se le bautiza sin mayor dificultad en una ceremonia sencilla, y a partir de entonces se le admite a la Cena del Señor.

Pero imagine ahora que usted es un gentil poco más de un siglo después de Jesús. Vive en una región fuertemente impactada por la cultura helenista, y tiene poco o ningún contacto con el judaísmo. En su trabajo conoce a un cristiano. Quizá ambos se dedican a hacer sandalias y tienen talleres próximos el uno del otro. Usted ha conocido a esta persona por muchos años, pero ahora hay algo diferente en ella. Tiene un gozo que antes no manifestaba. Su familia parece estar más contenta. Tienen muchos amigos a los que usted no había visto antes, y le dice a usted que se ha unido a un pequeño grupo de cristianos. Frecuentemente se reúnen por la mañana temprano, antes de ir al trabajo, y otra vez por la noche. Puesto que muchos radican en la ciudad y no tienen contacto con sus familias extensas, muchos de ellos comen juntos por la noche, y sus reuniones son casi como una nueva familia. Todos se muestran dispuestos a ayudarse mutuamente, y aun a ayudar a personas necesitadas que no pertenecen al grupo. Lo que es más, cuando su esposa estuvo muy enferma, estos cristianos le trajeron comida y se ofrecieron para cuidar a su pequeño niño mientras usted iba al trabajo. Estas personas parecen haber descubierto algo que usted también quisiera tener. Luego, usted comienza a asistir a las reuniones con su amigo. Allí se le habla acerca de Jesús, quien murió condenado como un criminal bajo el Imperio Romano, pero resucitó. Estos cristianos entienden que Jesús está todavía con ellos, y que ha comenzado entre ellos una nueva creación —una creación en la que hay amor y perdón, y se afirma que hay una nueva vida que les permite a los cristianos ser redimidos de sus pasados errores.

Su interés es tal que usted pide asistir al culto regular de los cristianos en su comunidad, que normalmente tiene lugar el primer día de la semana. Se le dice que usted puede asistir a la primera parte del culto, llamada "el servicio de la Palabra". Allí habría oraciones, lectura de las Escrituras y alabanza a Dios. Pero no se le permitirá permanecer para la segunda parte del culto, "el servicio de la Mesa".

En su propia familia se adora a los dioses tradicionales del lugar, y a otros traídos de fuera. Hay un pequeño altar en un rincón donde están las estatuas de todos los dioses de la familia. Frecuentemente la familia se reúne para adorarles, les presenta ofrendas de comida y de flores, y ruega por su seguridad y prosperidad. Los dioses son diversos, porque en su familia hay algunos que vinieron originalmente de Egipto y trajeron sus dioses con ellos. También entre esos dioses se habla de muerte y resurrección. Otros son de Atenas, donde se adora a la diosa Atena. Y, naturalmente, también están los dioses locales y el emperador, al cual también hay que adorar.

Después de haberse reunido con estos cristianos por varios meses, usted inquiere acerca de la oportunidad de hacerse miembro de la iglesia. Se le dice que hay otras personas que están pidiendo lo mismo, y que por tanto todos ustedes serán parte de un grupo al que se da el nombre de "catecúmenos", quienes pasarán por el proceso del "catecumenado". Por ese medio usted ha de aprender más acerca de cómo los cristianos viven, y a ello dedicará un período de unos dos años. Durante ese tiempo, aprenderá que los cristianos creen en la fidelidad conyugal. Se le dirá que no creen que los recién nacidos que son un estorbo puedan sencillamente exponerse en un lugar público para que allí mueran o para que alguien los recoja, quizá con malas intenciones. Tampoco creen que se pueda adorar a ningún otro dios que no sea el Dios de Israel, quien es el Dios y Padre de Jesús.

Cuán difícil todo esto pueda resultar para usted depende en buena medida de quién usted es. Si usted es un hombre casado que tiene además una concubina —lo cual era muy común y hasta aceptable en aquella sociedad— tendrá que decidir si está dispuesto a dejarla y ser fiel a su esposa. Si usted es una mujer cuyo esposo no quiere tener nada que ver con el cristianismo, tendrá que decidir si le será posible evitar la idolatría involucrada en la adoración a los dioses del altar familiar, a los de la ciudad o a los de la profesión de su esposo. ¿Qué sucederá si usted tiene un hijo y el paterfamilias, el hombre que rige toda la vida de la familia extensa, decide que ha de ser abandonado? Si usted es esclavo, ¿cómo podrá evitar la adoración practicada por la familia a la cual usted pertenece, o que su propio hijo recién nacido sea abandonado y dejado expuesto a la intemperie?

Todo esto plantea cuestiones difíciles. Muchos de los miembros de la iglesia durante el siglo II eran esclavos o esposas de hombres pudientes que no eran cristianos. Por tanto, la enseñanza catequética no era únicamente cuestión de conocimiento intelectual. Tampoco era cuestión de enseñar las reglas de vida cristiana —lo cual se podía hacer con relativa facilidad. Lo que muy bien podía tomar dos o tres años era el aprendizaje y la práctica de una nueva vida. Esto no era sencillo. Los esclavos y las mujeres no tenían poder alguno en las familias romanas. ¿Cómo podían entonces llevar las vidas que se suponía, cuando la familia toda adoraba a una multitud de dioses? ¿Cómo podría una esposa cambiar una vida familiar y matrimonial en la que su opinión no contaba mucho? Cuando leemos los pasajes del Nuevo Testamento que tratan sobre la ética cristiana en medio de tales relaciones de familia, tenemos que recordar las condiciones en que vivían las mujeres y los esclavos cuyos esposos o amos no eran cristianos (Efesios 5:21-6:9; Colosenses 3:18-4:1; 1 Pedro 2:13-3:7). Y aunque lo que allí se les dice podría parecernos hoy bastante conservador, su propósito era protegerles de modo que pudiesen continuar dando testimonio sin crear antagonismos innecesarios. Lo que en esos pasajes se les dice a los esposos y amos es mucho más fuerte, puesto que se les indica que han de cambiar su posición de dominio dentro de la familia. Es probable que la mayoría de las esposas y esclavos no pertenecieran a las familias de los esposos y amos en la congregación, sino que fueran los únicos cristianos dentro de sus familias.

Tras unos dos años de enseñanza y práctica, si el líder del grupo y el obispo consideraban que ya usted estaba listo, le traerían ante la congregación un miércoles tres y media semanas antes del día en que se celebraría la Resurrección del Señor. Le preguntarían entonces a la congregación si alguien sabía de alguna razón por la cual usted o alguno de los otros candidatos no deberían ser bautizados. Quizá algún miembro declararía entonces que uno de los candidatos tenía una concubina. O quizá alguien diría que habían visto a una de las candidatas entrar al templo de Diana con sus familiares. Tales hechos serían indicaciones claras de que esos candidatos no estaban listos a emprender la vida nueva que era necesaria. Por lo tanto, se les recomendaría que continuasen como catecúmenos un año más mientras resolvían las situaciones mencionadas. No se les rechazaba por completo, pero sí se insistía en que la vida cristiana requería una ruptura completa con muchas de las prácticas tradicionales de la vida romana, y que tal cambio podría tomar algún tiempo.

Durante el período del catecumenado, se invitaba e instaba a los candidatos a seguir participando del servicio de la Palabra. Pero al llegar el tiempo para la Cena del Señor —el servicio de la Mesa—, se les bendecía, se oraba por ellos, y se les despedía. Quienes no estaban bautizados no podían estar presentes en la Cena del Señor. No se trataba de que fuese una ceremonia secreta, sino más bien de que la Cena del Señor tenía tal carga emotiva, estaba de tal modo al centro mismo de la fe cristiana, de tal modo vinculada al Cristo que es cabeza de la iglesia, que es su cuerpo, que sería doloroso estar allí presente sin poder participar. Por tanto solamente podían estar presentes los que recibirían la comunión. Luego, aun si ya estaba usted listo para el bautismo, nunca habría participado del rito que constituía el centro mismo de la vida y adoración de la iglesia. Antes de su bautismo, usted no sabría lo que tenía lugar en esa Cena, sino solo que la iglesia lo consideraba el momento más sagrado e importante de toda la semana.

Ese tiempo tan largo de preparación se hizo necesario una vez que la iglesia dejó de moverse principalmente entre judíos y gentiles temerosos de Dios, y comenzó a recibir la mayoría de sus miembros de entre un pueblo gentil que poco o nada sabía de la fe y prácticas judías y cristianas. Esta es la misma razón por la que el catecumenado, aunque a veces lleva otros nombres tales como "clases de candidatos", ha sido práctica común doquiera la iglesia ha estado en misión en áreas donde no se conoce al Dios de Israel. En tales condiciones, la iglesia siempre ha tenido que asegurarse de que las personas bautizadas no estén sencillamente añadiendo a Jesús a la lista de dioses que ya adoraban. Tampoco se les permitiría hacerse cristianos si su conducta era sencillamente la de la sociedad pagana circundante. Particularmente en lo que se refiere a las relaciones entre los esposos y esposas y entre los padres e hijos, la iglesia difería mucho de la mayoría de las sociedades en que se movía. Los catecúmenos tenían que aprender también a ser generosos con los pobres, a ayudar a los necesitados, a ocuparse de sus vecinos aunque no fuesen parte de la iglesia. Tenían que mostrar que eran capaces de vivir la vida a que se comprometerían en el bautismo.

Como ya se ha dicho, la decisión final de quiénes entre esos catecúmenos debían bautizarse tenía lugar un miércoles tres y media semanas antes del día de Resurrección. A partir de entonces usted y los demás candidatos aceptados recibirían una intensa preparación, especialmente en cuestiones de doctrina. Se le enseñaría la Oración del Señor o Padrenuestro y la confesión de fe que usted tendría que hacer en su bautismo. La confesión de fe que se usaba en el bautismo se conocía frecuentemente como la "regla de fe". En toda ciudad se usaba alguna variante de la misma, pero por lo general seguía el mismo patrón que la que sabemos que se utilizaba en Roma, y esa regla de fe fue la que evolucionó hasta llegar a ser lo que hoy conocemos como el Credo Apostólico. Su forma esencial era trinitaria, es decir, consistía de tres párrafos, uno acerca del Padre, otro acerca del Hijo, y otro acerca del Espíritu Santo. En esto seguía el bosquejo de la fórmula bautismal misma, "en nombre del Padre, del Hijo, y del Espíritu Santo". La fórmula que se usaba en Roma era como sigue:

Creo en Dios Padre todopoderoso;
y en Cristo Jesús, su único Hijo, nuestro Señor, quien nació del Espíritu Santo y de la Virgen María, quien bajo Poncio Pilato fue crucificado y sepultado, y al tercer día se levantó de entre los muertos, ascendió al cielo, y se sentó a la diestra del Padre, de dónde ha de venir a juzgar a los vivos y a los muertos; y en el Espíritu Santo, la santa iglesia, la remisión de pecados y la resurrección de la carne.

La preparación final de los catecúmenos estaba a cargo del obispo —quien era el pastor en las ciudades en que había una sola iglesia, y el jefe de los pastores donde había más de una. Posiblemente durante los dos años aproximados de su catecumenado, usted habría tenido otros maestros. Probablemente tales maestros tenían sus clases en esas pequeñas reuniones de cristianos, mientras que el obispo presidía sobre todas esas congregaciones en la ciudad, y por tanto no enseñaba a los catecúmenos sino hacia el final de su preparación para el bautismo.

La ceremonia bautismal era bastante compleja. Después de todo, usted se habría estado preparando para ella durante al menos dos años. Este momento debía señalar un cambio radical en su vida. Su bautismo tendría lugar entonces en la noche del sábado antes del día de Resurrección, de tal modo que ya todos estuviesen bautizados y pudieran participar con el resto de la iglesia al celebrar la Resurrección del Señor.

Durante el siglo II, la iglesia no tenía personalidad jurídica, y por tanto por lo general no podía tener propiedades —aunque en algunos casos había iglesias organizadas legalmente como "sociedades fúnebres", las cuales podían tener sus propios cementerios. Si un miembro pudiente de la iglesia tenía una casa con suficiente espacio, tal era el lugar que se empleaba para las reuniones. En algunos casos podía hasta haber algún miembro que ofrecía una casa amplia exclusivamente para las reuniones de los creyentes. Entonces la iglesia podía remodelarla para adaptarla mejor a sus necesidades. Los arqueólogos han descubierto una de estas casas convertidas en iglesias que data del siglo III (la de Dura-Europos, cerca de la frontera entre el Imperio Romano y Persia).

Los cristianos siempre estaban en peligro de persecución, aunque hubo tiempos de paz cuando la persecución solo existía en algunas regiones u ocasiones limitadas. Por ello hasta su culto tenía que tomar algunas dimensiones de clandestinidad. El domingo era para todos un día corriente de trabajo, de modo que la adoración tenía que tener lugar temprano en la mañana antes de comenzar el trabajo. Pero esto obligaba a los cristianos a reunirse sin mucho alboroto, temprano por la mañana o, en el caso de la Pascua de Resurrección, tarde en la noche del sábado, pero siempre sin llamar demasiado la atención hacia tales reuniones.

Durante el resto del año los cristianos en cada ciudad se reunían en varios grupos pequeños en cada barrio, pero todavía seguían considerándose una sóla iglesia que existía en toda la ciudad, presidida por un solo obispo o líder. Para la celebración de la Resurrección todas estas congregaciones que se reunían normalmente en los hogares se juntaban para una gran celebración. Imagínese una pequeña ciudad donde podría haber diez iglesias hogareñas, cada una con diez o quince miembros. Probablemente se reunían todos los días, temprano por la mañana o después del trabajo, y frecuentemente compartían una comida que llamaban "fiesta del amor" —el *ágape*. Los catecúmenos podían participar en los grupos y actividades. Oraban juntos. Quizá no siempre leían la Biblia, puesto que los ejemplares tenían que ser copiados a mano en pergamino, y por eso eran escasos y caros. Posiblemente habría únicamente un ejemplar del Antiguo y Nuevo Testamentos en la ciudad. Muchos de los Salmos se aprendían de memoria y se repetían con cierta regularidad, de igual modo que se había hecho y se seguía haciendo en la sinagoga. En día domingo, algunas de estas congregaciones que normalmente se reunían en casas posiblemente se reunirían para la adoración. Si la ciudad no era demasiado grande, cada domingo se podían reunir todos. Pero para la fiesta de Resurrección era verdaderamente importante estar juntos (véase la fig. 1). En las ruinas de esa casa remodelada del siglo III que los arqueólogos han encontrado vemos que para fines del culto se han unido dos grandes salas contiguas quitando la pared intermedia, y colocando una plataforma a un extremo. Era en ese salón ("A" en la fig. 1) que la congregación se reunía la noche del sábado antes del día de Resurrección. Posiblemente cabrían unas cien personas de pie (¡en la iglesia antigua no había escaños!). En general las casas de los romanos pudientes no tenían ventanas hacia el exterior, y solamente una puerta. Todas las habitaciones daban a un atrio central al aire libre ("B"). A un lado de ese atrio estaba el salón más amplio en que la congregación se congregaba para cantar y orar, y al otro lado del atrio había otra habitación ("D") remodelada para servir de bautisterio. La fuente bautismal parecía una pequeña bañera (véase la fig. 2, pag. 132). Los paneles a su derredor y el cielo raso encima estaban decorados con imágenes y pinturas referentes a algún pasaje bíblico en que el agua tenía un papel importante —el arca de Noé, el cruce del Mar Rojo, la peña de Horeb, etc. Para ser bautizada, la persona entraba al bautisterio, se arrodillaba, y entonces se le vertía agua encima. El bautisterio no era lo suficientemente profundo o amplio para que un adulto pudiera sumergirse completamente.

Gracias al descubrimiento relativamente reciente de un texto que describe cómo se celebraba el día de Resurrección en Roma en el siglo II, sabemos bastante de lo que se hacía. Todos los catecúmenos se reunían en una habitación junto al bautisterio. Se les llevaba entonces al salón donde serían bautizados en tres grupos

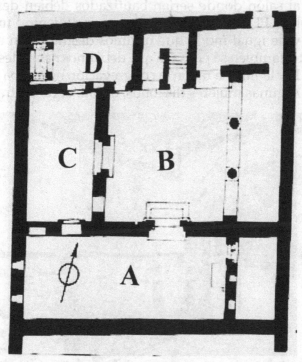

Fig. 1. Plano de la iglesia de Dura-Europos. Este diagrama nos ayudará a entender la celebración del bautismo en la iglesia antigua que se describe en el capítulo 2.

diferentes, primero los niños, después los hombres, y por último la mujeres. Resulta claro que también se bautizaba a niños pequeños, puesto que el texto dice que si algún niño es demasiado joven para responder a las preguntas que se le hacen, un adulto (posiblemente uno de sus padres) deberá responder por él. Dada la enorme diferencia entre el estilo de vida que se esperaba que los cristianos llevaran y el que predominaba en la cultura circundante, se daba por sentado que un niño criado dentro de una familia cristiana y en el seno de la iglesia sería también parte de esta nueva comunidad. En esto se seguía una práctica parecida a la que se sigue hoy en términos de la ciudadanía civil cuando los padres de algún niño pequeño se hacen ciudadanos de una nueva nación. En tal caso, tanto los hijos pequeños ya nacidos como los que nazcan más tarde serán ciudadanos del nuevo país.

Se separaba por género a los candidatos al bautismo porque al entrar al salón donde serían bautizados debían desnudarse por completo. El bautismo era un nuevo nacimiento a una nueva creación, y de igual modo que nacimos desnudos en el primer nacimiento, también se pensaba que debíamos nacer desnudos al segundo. Por la misma razón la congregación no estaba tampoco presente. Algunas mujeres diáconos, o si no alguna otra líder de

Fig. 2. El baptisterio de Dura-Europos. La pila misma tiene forma de bañera o de ataúd, con frescos sobre Jonás, Noé, el cruce del Mar Rojo, y otros temas que son tipos o figuras del bautismo. El bautismo era tanto un lavacro como un morir con Cristo.

la iglesia, asistía en el bautismo de las mujeres de modo que se pudiera conservar la modestia. Uno por uno se le preguntaba a cada candidato, antes de entrar al bautisterio, si estaba dispuesto o dispuesta a renunciar a Satanás, a los poderes del mal y a las tentaciones del mundo —es decir, si se comprometía a llevar una vida distinta de la del resto de la sociedad. Tras responder afirmativamente, se entraba al bautisterio mismo. Se le preguntaba entonces si confesaba la misma fe de la iglesia usando el Credo o regla de fe, aunque ahora en forma de interrogación. Se le preguntaba, por ejemplo: "¿Crees en Dios Padre todopoderoso, creador del cielo y de la tierra?" Y la persona respondía: "Creo". Entonces se le vertía una jarra de agua. Se le preguntaba entonces acerca de su fe en el Hijo, y tras afirmar esa fe, el neófito recibía otra jarra de agua vertida sobre la cabeza. Por último, una tercera jarra seguía tras responder afirmativamente a la pregunta sobre el Espíritu Santo. En breve, el bautismo no era exactamente como ninguno de los que se usan hoy: no era por inmersión, pero ciertamente era un baño completo.

La unción

Después de salir usted del bautisterio se le vestía con una túnica blanca. En el Nuevo Testamento se encuentran muchos pasajes que se refieren a desvestirse de la vida vieja y revestirse de la nueva, y en esta ceremonia bautismal esto se simbolizaba mediante el cambio de ropas, dejando las viejas y vistiéndose de una nueva vestidura blanca al salir del bautismo (véase por ejemplo Colosenses 3.9-12). En aquel tiempo muchas personas, particularmente las más pobres, no tenían más que un juego de ropas. El vestir nuevas ropas era un acontecimiento importante, y en este caso era señal clara de que se había entrado a una nueva vida. Después de bautizarle y vestirle con una túnica blanca, el obispo le ungiría con aceite de oliva sobre la frente, haciendo la señal de la cruz. El aceite que se empleaba se llamaba "crisma", que era un aceite con fragancias añadidas. En Israel se empleaba el crisma para ungir a los reyes y a los sacerdotes. A Jesús se le llama "el Cristo" porque es el ungido de Dios, el supremo rey y sacerdote. Los nuevos bautizados eran entonces llamados "crismados" o ungidos con crisma. A partir de entonces sería usted parte del pueblo sacerdotal y real de Dios, tal como dice en 1 Pedro 2:9-10: "Mas vosotros sois linaje escogido, real sacerdocio, nación santa, pueblo adquirido por Dios, para que anunciéis las virtudes de aquel que os llamó de las tinieblas a su luz admirable; vosotros que en otro tiempo no erais pueblo, pero que ahora sois pueblo de Dios; que en otro tiempo no habíais alcanzado misericordia, pero ahora habéis alcanzado misericordia".

Cuando todos los candidatos habían sido bautizados y ungidos se comenzaba a celebrar la Resurrección del Señor. Todos los nuevos bautizados iban en procesión, con vestiduras blancas, a donde la congregación había estado reunida cantando y orando en espera de su llegada. De igual manera que Jesús se levantó de entre los muertos en la mañana de Resurrección, ahora todos ustedes los bautizados entenderían que se habían levantado a novedad de vida y habían quedado unidos al cuerpo de Cristo, la iglesia, mediante el bautismo. La vida eterna había comenzado, de igual manera que en Cristo comienza una nueva creación. Ahora por primera vez se le permitiría a usted a participar del servicio eucarístico, la Cena del Señor.

Las oraciones del pueblo

Pero antes de la Cena misma había ciertas oraciones en las que usted y los catecúmenos nunca habían participado antes. Se les llamaba "las oraciones del pueblo". Usted había estado presente en los servicios durante varios años, y allí había oraciones de confesión y de acción de gracias y de alabanza. Pero las oraciones del pueblo eran diferentes. Se trataba de oraciones de intercesión, en las que se le pedía a Dios por los demás. En ella se incluían oraciones por el emperador, que posiblemente podría estar persiguiendo a la iglesia, oraciones por los enemigos de la iglesia, por los enfermos y moribundos de todo el mundo, por la paz, etc. La iglesia intercedía ante Dios en nombre del mundo, especialmente de quienes en ese mundo no podían rogar porque no conocían a Dios. Estas eran entonces oraciones sacerdotales, es decir, oraciones que los cristianos le dirigían a Dios en nombre de otros precisamente porque eran el pueblo sacerdotal de Dios.

Tales oraciones tienen una larga historia. En Éxodo, después del pacto de Israel, se le llama a Israel pueblo sacerdotal (Éxodo 19:6). También recordamos la historia de Abraham cuando regatea con Dios para tratar de salvar a la ciudad de Sodoma. A la postre Dios estuvo de acuerdo en que si había diez justos en esa ciudad no sería destruida (Génesis 18:16-33). Por ello, la tradición judía sostenía que doquiera hubiera diez varones judíos reunidos en oración esto guardaría a la ciudad misma de todo daño aunque esos diez fuesen los únicos fieles en medio de ella. Los antiguos cristianos también creían que sus oraciones conservarían el mundo (como se dice en la *Epístola a Diogneto*, vi). Usted y todas las demás personas que habían sido bautizadas se unían ahora al pueblo sacerdotal, y comenzaban a interceder por el mundo entero. Para muchos en su grupo, especialmente dentro de la sociedad romana, todo esto les daría un nuevo sentido de importancia, pues quería decir que hasta el emperador mismo, aunque nada supiera, necesitaba de usted y de sus oraciones.

Aquellas "oraciones del pueblo" han evolucionado hasta convertirse en lo que hoy comúnmente se llama la "oración pastoral", que normalmente incluye intercesiones —aunque, tristemente, muchas veces se ora solo por la iglesia y por sus enfermos, y no por todo el resto del mundo.

La comunión

Al concluir las oraciones del pueblo comenzaba el servicio eucarístico propiamente dicho. Ya para ese entonces, el crecimiento de las congregaciones había imposibilitado celebrar toda una cena, de modo que solo se servía pan y vino. Gracias a un documento del siglo II que describe un servicio de adoración el Domingo de Resurrección, sabemos que lo siguiente acontecía:

El servicio comenzaba con las palabras del obispo:

> *El Señor sea con vosotros.*

A ello la congregación respondía:

> *Y también contigo.*

El obispo decía entonces:

> *Elevad vuestros corazones.*

Y la congregación respondía:

> *Los elevamos al Señor.*

El obispo continuaba:

> *Demos gracias al Señor nuestro Dios.*

Y el pueblo respondía:

Hacerlo es justo y verdadero.

Tras estas palabras introductorias el obispo dirigía una oración que se refería más específicamente al tiempo y lugar en que celebraba el culto. Estas no eran oraciones escritas, sino que más bien el obispo oraba siguiendo sus propias luces y las circunstancias del momento. Pero sí había una estructura constante en esa oración. Si era el servicio del Domingo de Resurrección, el obispo ciertamente comenzaría dando gracias en particular por la resurrección de Jesús y por la esperanza que le trae al mundo. En Pentecostés la oración comenzaría agradeciendo el don del Espíritu Santo. Esta parte de la oración inicial era breve, y terminaba con palabras tales como:

Por lo tanto con ángeles y arcángeles y toda la compañía de los ejércitos del cielo adoramos y manifestamos tu santo nombre alabándote siempre diciendo:

En respuesta a estas palabras la congregación repetía o cantaba la antigua oración llamada el Sanctus:

Santo, santo, santo, Señor Dios de los ejércitos, llenos están los cielos y la tierra de tu gloria. Gloria sea a ti Señor altísimo ....

Acto seguido el obispo elevaba una oración claramente trinitaria, dándole gracias al Padre por la obra de la creación, por haber dirigido al pueblo de Israel, por el mensaje y vida de los profetas, todo ello dirigido al momento cuando el Padre enviaría al Hijo. La oración entonces resumía rápidamente la obra de Cristo, hasta llegar a su muerte y resurrección. Pero lo que sí había que incluir en esa oración eran las palabras de institución de la Santa Cena. A esto seguía una oración pidiéndole al Espíritu Santo que de tal manera bendijese el pan y el vino que viniesen a ser medio para unir a los fieles con Cristo. Entonces la congregación se unía en la Oración del Señor. Y usted, recientemente bautizado o bautizada, también se uniría a esa oración, que posiblemente había aprendido poco antes de su bautismo. ¡Y en el canto de la congregación se unían hasta los ángeles y los arcángeles!

La oración eucarística le recordaría a usted que, aunque su iglesia era un grupo relativamente pequeño dentro de una ciudad mucho más amplia, y aunque posiblemente esa ciudad ni siquiera sabía que la iglesia existía, usted era parte de una vasta compañía compuesta de todos los creyentes en todo el Imperio Romano y aun fuera de sus fronteras, así como de todos aquellos que habían muerto antes y que ahora eran parte de la iglesia triunfante. En torno a la misma mesa de la cena todas estas personas estaban espiritualmente unidas.

Después de esa oración toda la congregación participaba del pan y del vino. El Domingo de Resurrección había además una ceremonia especial para quienes acababan de ser bautizados. En esa ocasión únicamente, y nunca más en toda su vida, recibiría usted tres cálices. El primero era de agua, de modo que fuese usted bautizado no sólo por fuera sino también por dentro. El segundo era un cáliz de leche y miel mezcladas, para mostrar que gracias al bautismo usted había quedado libre del poder del pecado y la muerte, en una especie de éxodo o salida de la esclavitud, y que además de ello había usted también cruzado el Jordán y puesto el pie en la tierra prometida, el Reino de Dios. Entonces recibiría usted también el cáliz de vino, junto al resto de la congregación.

Durante todo el período de su catecumenado, nunca se le había explicado cómo serían los servicios de su bautismo y de la comunión que le seguiría, y de que usted participaría de ahí en adelante. Quienes le habían preparado le habían dicho que estaba usted ahora listo o lista para recibir el bautismo y participar de la comunión, pero no le habían dado instrucciones sobre la misma, ni tampoco muchos detalles acerca de ella. Para usted esto sería entonces un rito sorprendente y significativo, que mostraba, no solo en palabras sino también en gestos y acciones, lo que había tenido lugar a través de su bautismo. Ese mismo domingo por la noche, en un servicio especial para los recién bautizados, se le explicaría lo que cada uno de los ritos y acciones de que usted había participado significaba. Las vestiduras blancas de su bautismo seguirían siendo sus vestimentas para asistir a la iglesia durante la próxima semana, en celebración de su nuevo nacimiento. Ya no sería usted catecúmeno, sino "neófito" —una persona recién nacida a la nueva vida del cuerpo de Cristo.

Tenemos unos sermones de San Agustín que les predicó a los neófitos en uno de esos servicios en la noche de un Domingo de Resurrección. El texto que utilizó era 1 Corintios 10:16-17, que al parecer era su favorito para esa ocasión. El texto dice: "La copa de bendición que bendecimos, ¿no es la comunión de la sangre de Cristo? El pan que partimos, ¿no es la comunión del cuerpo de Cristo? Siendo uno solo el pan, nosotros, con ser muchos, somos un cuerpo; pues todos participamos de aquel mismo pan". En uno de estos sermones Agustín hace referencia a las ceremonias celebradas la noche anterior y dice:

Este pan les debe hacer entender claramente cuánto han de amar la unidad. Quiero decir, ¿fue hecho este pan acaso de un solo grano? ¿No había muchos granos de trigo? Pero antes de venir a ser un solo pan eran granos separados. Se les unió mediante el agua después de ser golpeados y triturados. Si el trigo no se muele y se le humedece con agua, no puede tomar esta forma que llamamos pan. [Agustín se refiere aquí al largo período de preparación para el bautismo como un tiempo en que los candidatos al bautismo habían sido metafóricamente golpeados y triturados para moldear sus vidas.] Vino entonces el bautismo, y lo que sucedió fue que ustedes, por así decir, fueron humedecidos con agua para que pudiesen venir a ser pan. Pero no es pan si el fuego no lo hornea... Así llega entonces el Espíritu Santo, fuego tras el agua, y son ustedes horneados para venir a ser el pan que es el cuerpo de Cristo. Y es así que este pan significa unidad. (*Sermón 227*)

Y en otro sermón, en una ocasión semejante, el mismo Agustín dice:

Para que no sean ustedes esparcidos coman de lo que les une; para que no sean tenidos en menos beban del precio pagado por ustedes. De igual manera que esto que ustedes comen y beben se vuelve parte de ustedes, ahora ustedes también son parte del cuerpo de Cristo cuando llevan vidas devotas y obedientes... Luego, ustedes han empezado a recibir lo que también han empezado a ser. (*Sermón 228B*)

Como vemos, para aquellos antiguos cristianos el proceso de venir a ser parte de la iglesia era difícil, pero significativo.

Lo que esto significa para nosotros hoy

El conocimiento de todo esto puede sernos de utilidad hoy por las siguientes razones:

En primer lugar, hay cierto paralelismo entre lo que sucedió en el período que va entre la resurrección de Jesús y el siglo segundo y lo que acontece en el día de hoy. Para la iglesia antigua, hubo un cambio radical entre el tiempo en que la casi totalidad de sus conversos venían de un contexto judío, y el siglo II, cuando dentro de una cultura gentil era muy fácil que el evangelio se interpretara mal. Es por esto que hubo un cambio tan grande entre el modo sencillo en que los primeros judíos convertidos al cristianismo venían a formar parte de la iglesia y el proceso mucho más largo, complejo y dramático del siglo II.

En tiempos recientes la iglesia ha ido pasando por una evolución paralela a la que tuvo lugar ente el siglo I y el II. A través de toda la Edad Media se daba por sentado que toda persona nacida en Europa sería cristiana —excepto los judíos, que formaban comunidades aparte. Al llegar la Reforma Protestante en el siglo XVI, ciertamente hubo grandes diferencias entre católicos y protestantes, pero todos estaban de acuerdo en lo esencial de la fe: en que hay un solo Dios creador de todas las cosas, en la verdadera encarnación del Hijo de Dios, en su resurrección, en la Trinidad, etc. Lo que se debatía entonces era principalmente cómo los cristianos podrían llegarse a la gracia y el perdón que resultaban de la muerte de Cristo. Estas eran cuestiones de primera importancia. Pero todavía se podía dar por sentado que todos sabían quién era Jesús. En nuestros tiempos ya no es posible contar con tal conocimiento. En las regiones que hasta hace poco fueron baluartes cristianos existen hoy fuertes tendencias seculares. Además, gracias a los movimientos migratorios de nuestros tiempos, muchas personas de países tradicionalmente no cristianos, o donde el cristianismo es minoritario, han ido a vivir a aquellas regiones tradicionalmente cristianas. Ya no es fácil distinguir entre el campo misionero y otras partes del mundo que ya están cristianizadas. Hoy la iglesia tiene que considerar que cada vez más la sociedad que la rodea es un campo misionero en el que quienes se sientan atraídos por la fe cristiana frecuentemente saben poco —o nada— de esa fe.

En todas partes del mundo las congregaciones tienen que examinar el proceso mediante el cual se añaden nuevos miembros a la iglesia. ¿Tenemos un buen sistema para adiestrar a los nuevos miembros, de tal modo que la persona tenga el tiempo y la información necesarios para estar verdaderamente segura que quiere unirse a la iglesia? ¿Están conscientes de que es posible que ese paso les dificulte la vida en el mundo y la sociedad circundantes? Y si no surgen tales dificultades, ¿será acaso que la iglesia misma se ha acomodado tanto dentro de la sociedad que ha perdido su sabor? Lo que esto quiere decir es que es necesario que la iglesia tenga un sentido muy claro de su identidad, y que esto se refleje en el proceso mediante el cual se añaden nuevos miembros. Además, dadas las circunstancias de nuestros días, una iglesia que desarrolle un programa para nuevos miembros —una especie de catecumenado— tendrá que crear un núcleo sólido de miembros dispuestos a aconsejar a quienes se acercan a la fe y piden unirse a la iglesia, a acompañarles personalmente, y a ayudarles a entender lo que significa ser cristiano.

En segundo lugar, la iglesia estaba fuertemente convencida de que en sus oraciones de intercesión servía como sacerdote ante Dios en nombre de todo el mundo. Se oraba por los gobernantes y las naciones, por los enfermos y moribundo en la ciudad, aunque no fuesen parte de la iglesia. Con demasiada frecuencia en nuestras congregaciones hoy las oraciones se ocupan solo de lo que concierne a la congregación misma, a sus miembros y amigos, pero se olvidan de todo el mundo que les rodea. A veces, cuando aparece un serio problema, tal como una guerra o un desastre natural, nuestras oraciones van más allá de esos límites. Pero por lo general no tenemos el sentido de que somos verdaderamente parte del cuerpo del único Sumo Sacerdote, Jesucristo, y que por tanto somos parte de su sacerdocio. Hablamos del "sacerdocio de todos los creyentes", pero normalmente lo hacemos de manera tan individualista que lo que entendemos por ello es que no necesitamos ningún otro sacerdote humano, ya que solo Cristo es nuestro sacerdote. Eso es cierto, pero se nos olvida que nosotros también, como iglesia, somos parte del sacerdocio de Cristo porque somos parte de su cuerpo.

En tercer lugar, la iglesia antigua entendía tanto el bautismo como la comunión mucho más profundamente que la mayoría de nosotros hoy. Esto se debió a cambios que veremos en el próximo capítulo (2). Entonces, en los capítulos 3 y 4, fijaremos nuestra atención primero sobre el bautismo (3) y luego sobre la comunión (4). Además de ver algunos de los cambios que han ocurrido a través de los siglos, y por qué, tomaremos algunos pasajes específicos de la Biblia que nos ayudarán a ver cómo los modos en que la iglesia antigua entendía el bautismo y la comunión le ayudaron a interpretar y emplear esos pasajes. Después, en el capítulo 5, veremos cómo la iglesia fue desarrollando un calendario que ayudaba a los creyentes a identificarse con la vida de Jesucristo y la dádiva del Espíritu Santo. Por último, en el capítulo 6 volveremos sobre lo que antes se llamó "el servicio de la Palabra", centrando nuestra atención sobre la tarea de quien predica, tanto entonces como hoy.

2. Cambios en la vida de la iglesia

*L*os siglos IV y V vieron enormes cambios en la vida de la iglesia, particularmente en la porción occidental del Imperio Romano. Fue en esa región que bastante más tarde surgieron tanto el protestantismo como el catolicismo romano. La Iglesia Ortodoxa, surgida en la parte oriental del Imperio, siguió un curso diferente que no nos afecta directamente, y que por tanto no discutiremos aquí.

El problema del crecimiento

Desde sus mismos inicios hasta principios del siglo IV, la iglesia no había sido más que una minoría perseguida dentro del Imperio Romano. Aunque la persecución fue esporádica, y por lo general no amenazaba a todos los cristianos, según fue pasando el tiempo esa persecución, en lugar de disminuir, aumentó. A principios del siglo III hubo una gran persecución que afectó principalmente a los maestros y a los nuevos conversos. Esa persecución duró aproximadamente una década. A mediados del mismo siglo surgió otra fuerte persecución que también duró unos diez años. Entonces hubo un período de relativa paz, con poca persecución general, hasta principios del siglo IV. Pero entonces surgió la persecución más seria y generalizada de todas, que afectaba a todos los creyentes, y no solo a los líderes.

En medio de la persecución, un nuevo emperador fue logrando el dominio sobre todo el Imperio. Su nombre era Constantino.

Comenzó sus conquistas en el occidente y rápidamente se movió hacia la parte oriental de Imperio, de tal modo que a la postre se hizo dueño absoluto de todo el Imperio. Estaba convencido que el Dios de los cristianos era el verdadero Dios, aunque él mismo no fue bautizado, y por tanto no fue oficialmente miembro de la iglesia, sino en su lecho de muerte. Constantino les puso fin a las persecuciones, y a partir del año 313 empezó a apoyar a la iglesia. Contribuyó fondos para la construcción de nuevos templos, los cuales eran mucho mayores que cualquiera que hubiera existido anteriormente. Le dio exención de impuestos a la iglesia, así como el uso de los correos imperiales para su comunicación interna, además de eximir al clero del servicio militar. Declaró el Domingo día de descanso —con lo cual les proveyó mayores facilidades para el culto tanto a los cristianos como a quienes adoraban al Sol. Todos sabían que el Emperador favorecía a la iglesia. Pronto muchos decidieron que, si tal era la opción del Emperador, también debería ser la de ellos. Luego, durante el siglo IV la iglesia que antes no fue sino una minoría perseguida, una pequeña fracción de la población, vino a ser la mayoría. Para fines del siglo, solo se les permitía el culto público a los cristianos y judíos, aunque los cristianos eran mucho más que los últimos, y tenían el apoyo del gobierno.

¿Qué implicó todo esto para la iglesia? En primer lugar, se hizo casi imposible continuar el antiguo catecumenado. ¿Cómo encontrar maestros para tantas personas? Si a una congregación de, digamos, 150 personas, con dos maestros catequéticos que tradicionalmente se habían ocupado de preparar a veinte personas durante un período de dos años, ahora se le pedía preparar a seis mil, esto era a todas luces imposible. Puesto que esto acontecía en todo el Imperio, pronto fue desapareciendo el patrón antiguo de la preparación para el bautismo. Ahora se esperaba que, puesto que toda la cultura se iba volviendo cristiana, sería posible bautizar a las personas tan pronto como lo pidieran, y ocuparse de su adiestramiento después. Para el siglo V, la iglesia había perdido prácticamente toda su capacidad de educar a sus miembros respecto al carácter de la vida cristiana. De esto se ocupaban únicamente el servicio dominical y la cultura en general.

Había en todo esto otro problema todavía más serio. Muchos de quienes se unían a la iglesia lo hacían sencillamente porque era lo que se esperaba de ellos, y no porque tuviesen deseo algu- no de cambiar sus vidas. Ya no había peligro de persecución, y el martirio no era ya una probabilidad. El ser cristiano ya no era peligroso, como lo había sido antes. Esto implicaba que quienes se unían a la iglesia no tenían por qué temer consecuencias ne- gativas en su vida social, sino todo lo contrario: su participación en la vida de la iglesia sería para ellos una ventaja.

Es fácil, aunque no es justo, culpar a la iglesia por su respues- ta inadecuada. No se les podía decir a quienes deseaban unir- se a la iglesia que tendrían que esperar cinco o diez años hasta que hubiera lugar para ellos en alguna clase de catecúmenos. El cambio fue tan rápido, y en algunos sentidos tan positivo, que la iglesia se vio inundada e incapaz de responder a las nuevas necesidades. Ciertamente los cristianos celebraban el fin de las persecuciones, pero no estaban listos a responder a las enormes consecuencias de su nueva popularidad.

Una nueva teología

Además del cambio numérico, también hubo cambios en la teología de la iglesia occidental. Aunque Agustín fue un gran teólogo, le legó a la iglesia un serio problema que complicaba la cuestión del lugar de la iglesia en la sociedad. Agustín na- ció en el año 354, y fue obispo de una ciudad al norte de África a fines del siglo IV y principios del V. No es necesario discutir aquí todas sus doctrinas sobre el pecado original, que surgieron en oposición a las enseñanzas de Pelagio. Pero gracias al modo en que Agustín entendía el pecado, surgió un modo de pensar acerca del bautismo que complicó la vida de la iglesia. Agustín creía que el bautismo borraba la culpa del pecado original que todos traen al nacer, así como la culpa de cualquier otro pecado cometido hasta el momento mismo del bautismo. Esto quería decir que si algún párvulo moría antes de ser bautizado lleva- ba todavía la culpa del pecado original, y por tanto no podría entrar al cielo. Por esa razón todos los hijos de padres cristianos deberían ser bautizados tan pronto como fuera posible. Según el estado se fue abriendo más y más a la iglesia, el bautismo casi automático de todos los niños se volvió práctica común. Algún tiempo después de Agustín se llegó al punto en que había penas civiles para los padres que no bautizaban a los hijos durante las dos primeras semanas de su vida. Puesto que ya para la misma época todos excepto los judíos eran parte de la iglesia, no había razón alguna para mantener el catecumenado. Sencillamente todos se bautizaban casi al nacer.

No importa lo que pensemos del bautismo de párvulos, hay una diferencia entre bautizar a los hijos de creyentes activos en la vida de la congregación y cuyas vidas reflejan los valores del evangelio, como se hacía en el siglo II, y sencillamente bautizar a cualquier párvulo cuyos padres tuvieran alguna relación con la iglesia, no importa por qué razón o en qué condiciones. Resultaba ilusorio pensar que la iglesia podría verdaderamente educar y darles formación a estos nuevos miembros de tal manera que pudieran llegar a ser cristianos devotos cuyas vidas representaran los mismos valores que la de aquellos antiguos catecúmenos bautizados en los siglos II y III. No cabe duda de que gracias a la nueva autoridad de la iglesia dentro de la sociedad hubo algunos cambios que mejoraron la vida en general. Pero en la mayoría de los casos los viejos patrones y actitudes continuaron, y la iglesia no tenía gran poder para cambiarlos, puesto que ahora estaba al servicio del estado.

Las invasiones

Otro elemento que cambió drásticamente la vida de la iglesia en el Occidente fueron las invasiones germánicas. La ciudad de Roma fue conquistada y saqueada por una tribu germánica en el año 410. Cuando Agustín estaba en su lecho de muerte en la ciudad de Hipona en el norte de África en el 429, otra tribu germánica, los vándalos, estaban atacando la ciudad. Habían atravesado toda Europa hasta lo que ahora es España, y luego habían cruzado el estrecho de Gibraltar y barrido la costa norte de África. A mediados del siglo V el papa León I tuvo que enfrentarse a los hunos que atacaban a Roma (aunque los hunos no eran germanos). Toda la porción occidental del Imperio Romano fue invadida por diversos grupos procedentes del este y del norte. Venían empujados por poblaciones más al este que buscaban nuevos campos donde vivir. La porción norte de Europa, fuera de las fronteras del Imperio, había sido hasta entonces una zona relativamente deshabitada, sin pueblos y ciudades. La mayor parte del territorio estaba cubierta de bosques. Ahora vinieron a ocuparlas estas tribus migratorias que no se contentaron con permanecer allí, sino que penetraron el Imperio y lo conquistaron con relativa facilidad. Entre ellos estaban los visigodos, ostrogodos, francos, borgoñones, lombardos y muchos otros. Algunos de ellos se habían convertido recientemente al cristianismo, aunque en su forma arriana, considerada herética por el resto de la iglesia. Esto se debió a las misiones que entre ellos habían tenido los arrianos de la iglesia oriental durante un período en que algunos de los emperadores y sus seguidores favorecían el arrianismo. A los grupos germánicos no les interesaban mucho las diferencias entre los arrianos y los ortodoxos, pero como conquistadores que eran no tenían gran interés en someterse a la autoridad de los obispos en la regiones conquistadas, y mucho menos a la autoridad política de Roma. El principal grupo que aceptó el cristianismo ortodoxo o católico fue el de los francos, que no eran cristianos cuando penetraron lo que hoy es Francia. Poco a poco otros se fueron convirtiendo —los paganos, al cristianismo, y los arrianos, a la ortodoxia trinitaria.

Hacia mediados del siglo VI, la porción occidental del Imperio Romano prácticamente había quedado destruida. Poco a poco las varias tribus arrianas se fueron volviendo católicas —u ortodoxas, que entonces eran términos sinónimos— y se comenzaron misiones hacia algunas áreas que hasta entonces no habían sido cristianas, particularmente entre los celtas, anglos y sajones en el norte de Alemania, Irlanda y Gran Bretaña. Puesto que en el Occidente el gobierno imperial era débil o inexistente, los diversos grupos germánicos se fueron volviendo nuevas naciones europeas, y la única institución que las unía a todas era la iglesia católica, centrada en Roma.

A principios del siglo VII surgió el islam en lo que ahora es Arabia Saudita. Rápidamente unió a las diversas tribus árabes y comenzó a extenderse por todo el Medio Oriente, luego hacia el occidente a través de Egipto y el norte de África, hasta conquistar a España y Portugal. No fue sino que llegaron a lo que hoy es Francia que por fin los francos pudieron detener su avance. Las antiguas iglesias en Siria, Palestina, Egipto y el norte de África desaparecieron o persistieron solo como minorías que vivían bajo circunstancias difíciles. Las iglesias orientales tuvieron una serie de problemas a causa de esto. Pero en el Occidente la principal consecuencia del avance del islam fue que la iglesia occidental perdió buena parte de sus contactos con la iglesia oriental, que todavía continuaba existiendo con su centro en Constantinopla. El centro de la iglesia occidental era Roma, pero su verdadera fuerza estaba en las regiones germánicas. Con todo y eso, la iglesia fue el principal vehículo que trasmitió la antigua cultura, consagrándola y haciéndosela llegar a los nuevos pobladores de la región. Lo que surgió de todo esto fue Europa, que es una mezcla de las culturas romanas y germánicas, y donde por largo tiempo la iglesia fue el principal vínculo de unidad.

¿Cómo mantuvo la iglesia su unidad en tales circunstancias? No había ya una lengua común, puesto que los pueblos germánicos tenían las suyas, y también la tenían los celtas. Ya para entonces el latín era una lengua muerta, puesto que en realidad no era la lengua materna de nadie. La iglesia continuaba usando el latín como medio de unidad. Esta era la lengua de la iglesia, y según fueron apareciendo instituciones de educación superior más tarde durante la Edad Media, el latín vino a ser también el idioma de los letrados.

¿Qué significó todo esto para los cristianos en las iglesias locales? Al menos dos cosas importantes. La primera fue que, puesto que la adoración tenía lugar en latín, se les hacía difícil a las personas entender el servicio. La misa era un culto impresionante, pero que fácilmente podría interpretarse mal. Esta situación fue empeorando porque según fueron pasando los siglos había menos oportunidades para adiestrar a los clérigos, muchos de los cuales apenas sabían leer y tenían poca o ninguna educación teológica.

Pero también fue importante el cambio que tuvo lugar en la teología como resultado de la combinación de las culturas germánicas y romanas producida por las invasiones. Gregorio I, obispo de Roma del 590 al 604, fue uno de los grandes papas, por lo cual frecuentemente se le llama Gregorio el Grande. Estaba preocupado por la misión de la iglesia, tanto en los márgenes todavía no evangelizados del antiguo Imperio, como entre los cristianos arrianos que vivían dentro de las antiguas fronteras del Imperio. En ambas empresas tuvo gran éxito. Gregorio era un excelente administrador con profunda pasión pastoral. Desarrolló una teología muy sencilla para estos nuevos cristianos, y rápidamente esa teología se adaptó a las nuevas circunstancias y se fue mezclando con entendimientos y actitudes que habían existido entre los pueblos germánicos aun antes de que conocieran el cristianismo.

Estos pueblos no tenían lenguaje escrito hasta que la iglesia se lo proveyó. La iglesia necesitaba que los diversos idiomas pudieran escribirse para poder traducir las Escrituras a ellos. Pero a muchas personas el lenguaje escrito les recordaba los antiguos caracteres sagrados que los druidas y otros sacerdotes utilizaban para sus encantamientos, ya fuesen buenos o malos. Por lo tanto resultó fácil llegar a la conclusión de que las palabras que el sacerdote repetía en la misa eran como una fórmula mágica que cambiaba la realidad, haciendo que el pan y el vino se volvieran el cuerpo y la sangre de Cristo. Era fácil llegar a pensar que las fórmulas que se empleaban en la absolución, en el bautismo y en otros ritos tenían el mismo poder. Se fue perdiendo así el pensamiento más sutil entre los antiguos cristianos sobre la relación entre el pan y el vino por una parte y el cuerpo y la sangre por otra, y todo se volvió algo casi mágico, que sucedía gracias al poder que los sacerdotes ordenados ejercían cuando repetían las fórmulas sagradas.

Además, las ciudades germánicas tenían un sistema tribal de justicia. Si una persona dentro de una tribu o familia mataba o hería a otra de otra tribu o familia, le correspondía a la tribu o familia del injuriado buscar retribución. Al correr del tiempo parece que esto se fue suavizando de modo que se permitía un pago en lugar de herir o matar al culpable. Se llegó a entonces a la idea de que una vida humana tenía cierto valor en oro, y que ese valor dependía del nivel social del difunto o lesionado. De ahí fue fácil pasar a pensar que el pecado humano era también como una deuda que se tenía con Dios y que era necesario pagar. Aunque tanto en las Escrituras como en los antiguos escritos cristianos hay algunos indicios de una teología de expiación sustitucionaria, esa teología vino a ser ahora el único modo de entender la obra de Cristo. Se pensaba entonces que lo que Cristo hizo fue pagar lo que la humanidad le debía a Dios.

Además, el pago para los pecados cometidos después del bautismo vino a ser ahora preocupación fundamental de los creyentes. La idea del purgatorio se afirmó con esa situación, pues resultaba claro que había muy pocos cristianos que morían habiendo pagado por todos sus pecados. Cada misa se volvió entonces un nuevo sacrificio incruento de Cristo, de modo que ese sacrificio servía como pago por los pecados —y de ahí surgió la práctica de decir misas por los muertos, o por algún rico que pagaba para que se dijeran misas en su nombre.

Luego, para el culto medieval, el servicio dominical, aunque tenía lugar el domingo, en realidad era un culto de Viernes Santo, una repetición del sacrificio de la cruz. La visión antigua del domingo como día de fiesta en que se celebraba la Resurrección, día de la reunión de los fieles con el Señor resucitado, se perdió.

En resumen, lo que después vino a ser cuestionado en la teología católica no era una teología surgida originalmente dentro de la cultura romana, sino que llevaba el sello de la cultura germánica en que la iglesia vivió a partir del siglo VI.

Más adelante en la Edad Media

A partir del siglo VII, y hasta principios de la Reforma Protestante en el dieciséis, aquellos nuevos patrones que acabamos de discutir fueron desarrollándose y echando raíces. En términos del bautismo, puesto que se pensaba que era necesario bautizar a los párvulos recién nacidos, poco a poco se dejó de practicar la inmersión. Esto fue particularmente cierto en las zonas nórdicas de Europa, donde la obligación de bautizar a niños recién nacidos mediante inmersión podía resultar extremadamente peligrosa en medio de los crudos inviernos de la región. El ungimiento con aceite, que antes había sido hecho por el obispo inmediatamente después del bautismo como señal de que ahora se era parte del real sacerdocio del pueblo de Dios, se separó ahora del bautismo. El sacerdote local oficiaba el bautismo, normalmente en ausencia del obispo. De hecho, precisamente porque se pensaba que el bautismo era esencial para la salvación, en caso de emergencia un laico podría administrarlo. Frecuentemente, cuando parecía que el recién nacido no sobreviviría, la comadrona lo bautizaba. Ahora el ungir a la persona con aceite, practicado por el obispo, vino a ser un sacramento aparte que recibió el nombre de "Confirmación", y que se requería cuando los niños llegaban a la edad del discernimiento y estaban listos a confesar sus propios pecados y a recibir la primera comunión. Luego, lo que antes había sido un solo rito se dividió ahora en tres: el bautismo, la confirmación y la primera comunión.

Precisamente porque se entendía que lo que sucedía en la misa era milagroso y temible, el pueblo común comenzó a evitar tener contactos con el pan y el vino. Se temía que pudieran dejarlo caer o de algún otro modo cometer un sacrilegio. Por ello se utilizaba, en lugar de pan común, una oblea que no dejaba caer migajas, pero que escasamente podría considerarse pan. Se le colocaba directamente en la lengua de quien la recibía, para evitar que pudiera caer al suelo. En parte porque el laicado mismo lo pidió, poco a poco el cáliz quedó reservado para los ministros. Aparentemente muchos entre los germanos, cuyos bigotes eran tradicionalmente grandes, temían que al beber del cáliz parte del vino se derramara sobre sus barbas y bigotes, lo cual sería sacrílego. Para recibir la comunión era necesario un estado de gracia, lo cual requería haberse confesado poco antes y estar en ayunas hasta recibir el sacramento. El resultado neto de todo esto fue que eran escasos los fieles que recibían la comunión más de una vez al año. Aunque asistían a la misa, no participaban de la comunión.

Puesto que el servicio tenía lugar en un idioma que la mayor parte de la congregación no entendía, y los sacerdotes mismos tenían poca educación, por lo general el sermón quedó abandonado. Se leían las Escrituras en latín, pero esto tenía poco sentido para quienes no entendían esa lengua. Las historias de la Biblia y de los mártires y santos de la iglesia se contaban mediante cuadros y esculturas en las iglesias, mediante dramas en tiempos de Navidad o de Semana Santa, mediante vidas de santos y a través de la celebración del año litúrgico —sobre el cual hablaremos más adelante.

No era que a propósito se mantuviera al pueblo alejado de la Biblia. Es necesario recordar que tras la destrucción del Imperio Romano de Occidente las instituciones educativas desaparecieron. Había poco alfabetismo, y los poquísimos libros que existían eran caros. En los monasterios y conventos se continuaba estudiando las Escrituras, pero el sacerdote promedio que se ocupaba de una parroquia sabía poco acerca de la Biblia. En los siglos inmediatamente antes de la Reforma surgieron las universidades y la educación mejoró. Sin embargo, esos nuevos conocimientos y estudios no alcanzaban al sacerdote promedio —y mucho menos al laicado.

La Reforma Protestante

La Reforma Protestante tuvo lugar en un momento cuando se empezaba a generalizar la educación y la práctica de la lectura. Esto era en parte porque el crecimiento de las ciudades y pueblos y el auge del comercio requerían saber leer. También, las antiguas tribus germánicas que se habían asentado en diversas partes de Europa habían desarrollado su propio sentido de nacionalidad y sus propias lenguas. En la generación inmediatamente antes de Lutero, había aparecido la imprenta de tipos movibles, así como el papel relativamente barato, y esto hizo bajar significativamente el costo de los libros. Por lo tanto ahora la Biblia podía ponerse en manos de más personas, particularmente en las ciudades y poblados donde había un alto nivel de alfabetismo. Lutero tradujo la Biblia al alemán y pronto surgieron otras traducciones a otras lenguas. (En varios países de Europa había habido anteriormente traducciones al menos parciales de la Biblia, pero en algunos casos se había prohibido su lectura, y en todos los casos circulaban poco debido al alto costo de los libros.) En España, debido en buena medida a la presencia de los judíos, el Antiguo Testamento se había traducido al español en lo que se conoce como la Biblia de Ferrara. Gracias a la facilidad que la imprenta ofrecía, primero Lutero y después otros líderes escribieron catecismos cuyo propósito era educar tanto a los niños como a los padres que les ayudaban en el aprendizaje. Al mismo tiempo se hizo un gran esfuerzo por mejorar el conocimiento que el laicado tenía de las doctrinas de la iglesia —cosa que por largo tiempo se había descuidado.

El culto protestante reaccionó frente a los problemas del culto medieval. El sermón volvió a ocupar un lugar importante en el servicio. Ahora la congregación podía entender el culto, porque se celebraba en el idioma del pueblo. En la comunión se les daba a los laicos tanto el pan como el cáliz, y también se esperaba que todos comulgaran frecuentemente. El rito de confesarse y ayunar antes de la comunión fue abolido, y al mismo tiempo la comunión misma perdió el sentido de terror que antes la rodeó. La confesión vino a ser parte del culto mismo, pero no era necesario hacerla en privado ante el pastor. En las ramas luterana, reformada y anglicana de la Reforma, el agua bautismal se aplicaba solo sobre la cabeza, como había sido la práctica durante el medioevo. También se insistía en que había dos sacramentos, el bautismo y la eucaristía o comunión. En el ala más radical de la Reforma, que frecuentemente recibe el nombre de "anabaptista", se requería que se bautizara únicamente a los creyentes, y esto por inmersión. Algunos grupos anabaptistas decían que había tres sacramentos: el bautismo, la Santa Cena y el lavacro de los pies.

Para todos los cuerpos protestantes, la participación en el culto congregacional era fundamental. Como parte de esa insistencia en el culto se promovió el canto de himnos. Se introdujeron versiones de los Salmos cuya métrica poética los hacía adaptables al canto congregacional, y muchos de ellos se volvieron muy populares entre los protestantes —aunque no todos concordaban en cuanto a qué instrumentos musicales deberían utilizarse. Aunque no cabe duda de que los reformadores se deshicieron de buena parte de los más serios problemas que habían surgido en el culto medieval, en términos de la Santa Cena no abandonaron el tono de duelo y Viernes Santo que la comunión había tomado durante la Edad Media, ni volvieron al énfasis sobre la resurrección que antes había sido típico del culto de comunión. Tanto los católicos como los protestantes todavía entendían la obra de Jesucristo como un sacrificio expiatorio, como un pago a Dios por los pecados humanos, y dentro de ese contexto el énfasis en el culto caía siempre sobre la cruz y el dolor.

En los siglos que siguieron a la Reforma hubo muchos cambios en cuanto al lugar del sermón en el culto, la frecuencia de la comunión y lo que se pensaba sobre el bautismo. Puesto que muchos de los misioneros que fueron a América Latina venían de países de habla inglesa, centraremos nuestra atención sobre el protestantismo en esos países. Puesto que los anglicanos no fueron tan activos en la América Latina como otros grupos, diremos menos acerca de ellos. La principal influencia en los países protestantes de habla inglesa fue la tradición llamada reformada, que comenzó en Suiza y de allí se expandió a otros países, particularmente Escocia e Inglaterra. En términos del culto, lo que prevaleció en la tradición reformada no fue lo que Juan Calvino había propuesto en Ginebra, sino más bien las opiniones de Ulrico Zwinglio, el reformador de Zurich. A diferencia de Calvino, quien quería que la comunión se celebrara cada domingo, Zwinglio la limitaba a cuatro veces al año. En Zurich también se implantó por primera vez la práctica de que la congregación permaneciera sentada y se les trajeran los elementos, en lugar de ir al frente para recibirlos. Zwinglio creía que ni la música ni el arte tenían lugar alguno en el culto, pues temía que pudieran restarle atención al sermón. En Ginebra, al contrario, Calvino quería que se cantasen salmos y otros himnos y que al tomar la comunión la congregación fuese al frente. Durante muchos siglos los puritanos, en buena medida herederos de la tradición reformada al estilo de Zwinglio, debatieron el uso de los instrumentos musicales en el culto, y también si se deberían cantar himnos que no fuesen salmos, si debía haber vitrales, y si había algún uso legítimo de la cruz, las velas y otros símbolos.

El movimiento pietista del siglo XVIII —que algunos llamaban "evangélicos"— tuvo un gran impacto sobre los cultos en los países de habla inglesa. Las iglesias bautistas y metodistas surgieron durante ese tiempo y reflejan esos orígenes. Pero también otras iglesias más antiguas, particularmente los presbiterianos, fueron afectadas por ese movimiento, como lo fueron también otros grupos que surgieron más tarde en el siglo XIX. El movimiento pietista llevó a los servicios de avivamiento, y produjo también toda una himnología que reflejaba el ambiente de avivamiento. Frecuentemente el propósito de los sermones era la conversión, más bien que el desarrollo y crecimiento en la fe de quienes ya estaban convertidos. Los servicios se centraban en el canto de himnos y en el sermón, mientras que los sacramentos recibían menos atención.

En los Estados Unidos a mediados del siglo XIX surgió el movimiento de la temperancia, que se oponía al uso del alcohol. Este movimiento cobró gran fuerza en muchas iglesias protestantes. Por algún tiempo se continuó utilizando el vino en la comunión, pues no había otra alternativa. El jugo de uvas no podía conservarse como tal, y a lo sumo unas semanas después de la vendimia se fermentaba y se volvía vinagre o vino. No hubo modo alguno de conservarlo hasta más avanzado el siglo XIX, cuando se inventó el sellado al vacío. Fue un laico metodista apellidado Welch quien comenzó a producir jugo de uvas en botellas selladas al vacío, y lo hizo precisamente con el propósito de que en aquellas iglesias que habían abrazado el movimiento de temperancia se pudiera celebrar la comunión con jugo de uvas en lugar de vino. El resultado fue que la mayoría de las iglesias bautistas, metodistas, presbiterianas y congregacionales dejaron de utilizar vino y comenzaron a celebrar la comunión con jugo de uvas. Los luteranos y episcopales continuaron utilizando el vino porque sus iglesias no habían sido tan impactadas por el movimiento de temperancia, y no veían justificación bíblica para dejar de utilizar vino.

Por algún tiempo, la comunión continuó sirviéndose en un cáliz o copa común con jugo de uvas. En algunas iglesias los congregantes iban al frente para recibir el pan y el vino, mientras que en otras permanecían sentados y el pan y el cáliz se pasaba entre ellos. Pero hacia fines del siglo XIX los científicos descubrieron que había microbios que producían enfermedades. Tales microbios podían ser destruidos por algunos productos químicos, incluso el alcohol. Se empezó a hacer mayor énfasis en la higiene, y las iglesias que utilizaban jugo de uvas en la comunión se dieron cuenta de que puesto que no había alcohol en el cáliz había más peligro de contaminación mediante el uso de una copa común. Por ello, hacia fines del siglo XIX y principios del XX las congregaciones que usaban jugo de uvas comenzaron también a utilizar pequeñas copas individuales en lugar de un cáliz común.

El avivamiento evangélico tuvo otras consecuencias. Particularmente en aquellas iglesias surgidas de aquellos avivamientos, el culto del domingo vino a ser semejante a una reunión de avivamiento. El propósito del sermón era la conversión, llamar a las personas a aceptar a Cristo. Esto había sido siempre una nota importante en los cultos especiales de avivamiento y evangelización, pero ahora vino a ser también el centro del servicio del domingo. La consecuencia fue que quienes ya eran cristianos recibían constantemente el llamado a convertirse de nuevo cada domingo. Esto hizo que se pensara menos en la necesidad de ayudar a los cristianos en su crecimiento en la fe. También quiso decir que el culto se centró más en el cristiano individual, y se dejó de hablar de lo que significaba ser una congregación cristiana, o de lo que la fidelidad implicaba para la congregación como un todo. Los servicios de evangelización son individualistas por su propia naturaleza, puesto que su propósito es invitar a los individuos a tomar una decisión. Hay en ellos poco lugar para el sentido corporativo de lo que significa ser iglesia, puesto que todo se centra en lo que significa ser creyente individual. Esto quería decir que para algunos miembros de la iglesia era como si el sermón fuese dirigido a otras personas y no a ellos, puesto que el propósito de la predicación era convertir a los no cristianos que pudieran estar presentes. También quiso decir que lo más importante que ocurría el domingo era el sermón. Se acrecentó entonces la tendencia a celebrar la Cena del Señor con poca frecuencia, en algunas iglesias solamente cuatro veces al año, y en otras hasta menos. Además, puesto que la función del sermón era la conversión, se hablaba poco del año cristiano, puesto que todo se centraba en la muerte de Jesús y sus propósitos salvíficos. Una vez más era como si el tema de todos los domingos debiera ser el Viernes Santo.

No fue hasta el siglo XX, en parte gracias al descubrimiento de nuevos manuscritos de la antigüedad, y en parte debido a la nueva situación de la iglesia en los países tradicionalmente cristianos, que todo esto empezó a cambiar drásticamente. Se comenzó a ver de nuevo la diferencia entre lo que la iglesia antigua había hecho y su entendimiento del culto por una parte, y las prácticas que ahora casi todos tenían por comunes por otra. El resultado fue lo que se ha llamado el "movimiento de renovación litúrgica". Ese movimiento ha afectado tanto a las iglesias protestantes como a la católica, aunque también es cierto que en las congregaciones locales los cambios han sido lentos y a veces hasta inexistentes.

El movimiento de renovación litúrgica

A fines del siglo XIX y a principios del XX hubo algunos descubrimientos importantes de antiguos documentos cristianos que trataban acerca del culto de la iglesia en sus primeros tiempos. Los más importantes de ellos fueron *El rito de Hipólito* y la *Didajé* (aunque este documento era conocido desde antes, hasta entonces se pensó que su fecha de origen no era tan temprano como después se supo). Una vez que teníamos estos documentos comenzamos a ver nuevas dimensiones en otro libro ya conocido, la *Primera apología* de Justino Mártir, puesto que lo que allí se dice sobre el primitivo culto cristiano podía ahora entenderse dentro del contexto de la información más amplia que aquellos otros documentos proveían. (En el apéndice al final de este libro podrán verse porciones de estos documentos.) Lo que es más, con esa información nos fue posible empezar a leer algunos pasajes del Nuevo Testamento bajo una nueva luz.

Este interés renovado en el antiguo culto cristiano cruzó las fronteras denominacionales y llegó a afectar tanto al culto protestante como al católico. En el Segundo Concilio Vaticano (1962-1965) la iglesia católica romana alteró de manera radical la forma en que la misa se celebraba para que fuese más semejante a lo que se hacía en el siglo II. Las iglesias episcopales, luteranas, presbiterianas y metodistas, entre otras, estaban haciendo cambios semejantes por la misma época. El estudio del culto cristiano antiguo era una empresa interdenominacional, pues las nuevas condiciones a las que se enfrentaban todas las iglesias también cruzaban fronteras denominacionales.

Naturalmente, el camino a seguir no era sencillamente copiar lo que se hacía en la antigüedad. Puesto que muchas iglesias prefieren que el bautismo tenga lugar como parte del servicio congregacional, quienes se bautizan no lo hacen desnudos. El culto siempre se adapta a la cultura, tanto porque usa elementos de la cultura misma como porque responde a aquellas partes de la cultura que se oponen a los valores cristianos. Como veremos en los próximos dos capítulos, ni el bautismo ni la Santa Cena pueden sencillamente reproducir lo que se hacía en el Nuevo Testamento. Los siglos II y III introdujeron cambios que parecían ser necesarios. Podemos seguir su ejemplo para responder a los retos y oportunidades a que nos enfrentamos en el siglo XXI. Tenemos que examinar nuestra propia situación cultural a fin de ver qué cambios son útiles o hasta necesarios.

Al mismo tiempo, la Biblia sigue siendo el fundamento del modo en que entendemos el culto, aunque no sea una guía precisa y detallada sobre el modo en que debemos celebrarlo. Luego, en los dos capítulos que siguen volveremos a considerar primero el bautismo y luego la comunión, ahora a la luz de algunos de los pasajes bíblicos que se refieren al lugar de estas celebraciones en la vida de la iglesia.

3. El bautismo entonces y ahora

Los diversos significados del bautismo

Cuando estudiamos los más antiguos servicios bautismales nos sorprende la diversidad de sentidos que se pueden ver en tales servicios. En el día de hoy solo recordamos unos pocos: la confesión pública de la fe en Jesús como Salvador y Señor, y el lavacro de la culpa del pecado. Si practicamos la inmersión, entonces también hablamos del bautismo como una señal de la muerte y resurrección con Cristo, aunque esto rara vez se explica. Si por otra parte pensamos en los diversos sentidos que se le daba al bautismo en la iglesia antigua, podemos ver que tienen fundamentos bíblicos. Lo que es más, a través de los siglos la iglesia ha olvidado mucho de lo que el Nuevo Testamento ve en el bautismo.

El Nuevo Testamento no ha de ser usado como un orden de culto o plan para la adoración. No se nos da en él orden alguno en cuanto al modo en que el culto ha de tener lugar. No se nos dice cosa alguna sobre la música que ha de usarse o no. No se nos dice tampoco con cuánta frecuencia se celebraba la comunión (aunque sí sabemos por otros escritos antiguos que se celebraba por lo menos todos los domingos), ni cómo se servía, ni exactamente qué era lo que se servía. En términos del bautismo mismo, tanto quienes practican el bautismo de infantes como quienes se oponen a él pueden encontrar en la Biblia pasajes que aducen en apoyo de su posición. Si los autores bíblicos hubieran tenido la intención de que sus escritos fuesen un libro de

159

direcciones para el culto, ciertamente hubieran sido mucho más explícitos de lo que son.

Por otra parte, sí hay en el Nuevo Testamento muchos indicios de lo que el bautismo y la Santa Cena significan. Tales indicios aparecen frecuentemente en pasajes que tratan sobre otro tema. Pablo se refiere al bautismo cuando quiere señalar que las distinciones sociales que prevalecen en el Imperio Romano no han de existir en la iglesia. Por tanto les escribe a los gálatas:

> Porque todos los que habéis sido bautizados en Cristo, de Cristo estáis revestidos. Ya no hay judío ni griego; no hay esclavo ni libre: no hay hombre ni mujer; porque todos vosotros sois uno en Cristo Jesús. (*Gálatas 3:27-28*)

Pero en medio de ese argumento sobre la unidad y la igualdad también dice que el bautismo es "en Cristo". Esta es una frase que no usamos con mucha frecuencia. Pero la misma frase sí era de gran importancia para la iglesia antigua, pues el bautismo significaba que los creyentes habían sido injertados en el cuerpo de Cristo, unidos a Cristo, y por lo tanto también entre sí. También la frase "de Cristo estáis revestidos" es significativa. Las vestiduras blancas que se usaban en el siglo II para los recién bautizados eran un modo de señalar ese punto. Paralelamente, en su carta a los romanos Pablo les recomienda: "vestíos del Señor Jesucristo" (Romanos 13:14).

Para muchos de nosotros, el bautismo es un asunto individual. Es un momento en que cada uno de nosotros por su propia cuenta confiesa su fe y viene a ser parte de la iglesia. O es el momento en el cual somos perdonados. Todo esto es cierto; pero nuestro individualismo moderno no nos permite ver otras dimensiones en lo que el Nuevo Testamento dice acerca del bautismo. El bautismo era algo indudablemente personal e individual, pues se hacía con el nombre de la persona. No cabe duda de que esto era muy importante. Pero el bautismo también significaba ser añadido al cuerpo de Cristo, quedar unido a los otros miembros con quienes se adoraba y convivía. El bautismo cambiaba la relación del creyente con todas esas personas y con los innumerables creyentes que vivían en otras partes del mundo pero eran también parte del mismo cuerpo. Somos ahora parte de una nueva familia, de un nuevo pueblo, de una nueva identidad que es mucho más importante que cualquiera que hayamos tenido anteriormente en el mundo. Una razón por la cual al bautizarse se dice solamente el nombre de pila de la persona y no su apellido es porque en cierto sentido el bautismo nos lleva de la familia de nacimiento a formar parte ahora, por adopción, de la familia de Cristo —como pámpanos injertados en la Vid Verdadera. En cierto sentido, el apellido de todos los bautizados es "Cristiano".

Veamos entonces algunos pasajes que entrelazan varios sentidos o significados del bautismo, al tiempo que todos ellos se refieren a la vida cristiana y no tratan de explicar el bautismo mismo en sí. Tomaremos en consideración dos pasajes de las epístolas de Pablo y dos de 1 Pedro.

Romanos 6:3-11:

(3) ¿O no sabéis que todos los que hemos sido bautizados en Cristo Jesús, hemos sido bautizados en su muerte? (4) Porque somos sepultados juntamente con él para muerte por el bautismo, a fin de que como Cristo resucitó de los muertos por la gloria del Padre, así también nosotros andemos en vida nueva.

(5) Porque si fuimos plantados juntamente con él en la semejanza de su muerte, así también lo seremos en la de su resurrección; (6) sabiendo esto, que nuestro viejo hombre fue crucificado juntamente con él, para que el cuerpo del pecado sea destruido, a fin de que no sirvamos más al pecado. (7) Porque el que ha muerto, ha sido justificado del pecado. (8) Y si morimos con Cristo, creemos que también viviremos en él; (9) sabiendo que Cristo, habiendo resucitado de los muertos, ya no muere; la muerte no se enseñorea más de él. (10) Porque en cuanto murió, al pecado murió una vez por todas; mas en cuanto vive, para Dios vive. (11) Así también vosotros consideraos muertos al pecado, pero vivos para Dios en Cristo Jesús, Señor nuestro.

Pablo les estaba escribiendo a los romanos, cuya iglesia él no había fundado, con el propósito de deshacer el temor que había entre ellos de que Pablo había abandonado su herencia judía. Al parecer la composición de la iglesia romana era mucho más judía que la de otras iglesias que Pablo había fundado en Asia Menor, y los cristianos de Roma habían oído rumores en el sentido de que el énfasis paulino en la conversión de los gentiles disminuía la importancia de las promesas que Dios le había hecho a Israel.

Pablo proyectaba visitar la iglesia de Roma y esperaba que esa iglesia le ayudara en un viaje misionero a España (Romanos 15:23), de modo que tenía sumo interés en explicarles el modo en que él veía la relación entre los cristianos judíos y los cristianos gentiles. Esto se ve claramente en los primeros cinco capítulos, donde se subraya la necesidad de la gracia tanto para los judíos como para los gentiles. Ni los unos ni los otros han cumplido la ley. La gracia les ha sido dada a ambos en Cristo, pero requiere novedad de vida en ambos.

En el capítulo 6 Pablo arguye que el hecho de que todos los cristianos han recibido el mismo bautismo muestra que de todos ellos se requiere una nueva vida. El bautismo nos une a la muerte de Cristo. En el bautismo somos sepultados juntamente con él. Algunos de los bautisterios antiguos que todavía existen y que tienen forma de cruz o de ataúd muestran esa relación entre el bautismo y la muerte. La inmersión es una señal aun más clara de esa relación entre el bautismo, la muerte y la resurrección.

De igual manera que Jesucristo se levantó de entre los muertos, así quienes son bautizados salen de la tumba del bautismo y se levantan a nueva vida. En el bautismo nos unimos no solo a la muerte de Jesucristo, sino también a su resurrección. Nuestra vieja vida fue crucificada juntamente con Cristo. Nuestra nueva vida nos ha sido concedida en su resurrección. Nuestra muerte en Cristo nos libra de nuestra anterior esclavitud al pecado y nos permite vivir una nueva vida en Cristo, una vida de justicia.

En este pasaje se nos dice poco acerca de cómo se practicaba el bautismo, cómo se preparaban las personas para recibirlo, qué edad debían tener, etc. Pero sí se nos dice mucho acerca de la relación entre la vida cristiana y el bautismo. En el bautismo sucede algo real, no solo el hecho de que Cristo murió por nosotros, con todo lo extraordinario y sorprendente que eso es, sino también que nosotros mismos hemos sido crucificados con él. Hemos muerto con él, con lo cual se ha puesto fin a nuestra vida de pecado. Lo que es más, también hemos sido levantados con él, y ahora somos parte de una nueva vida que ha comenzado en nosotros gracias a su resurrección y a nuestra unión con él.

El segundo pasaje es bastante extenso, pero subraya una vez más la relación entre el ser parte del cuerpo de Cristo y la vida que hemos de vivir. Se encuentra en Colosenses 2:6–3:15:

(2:6) Por tanto, de la manera que habéis recibido al Señor Jesucristo, andad en él; (7) arraigados y sobreedificados en él, y confirmados en la fe, así como habéis sido enseñados, abundando en acciones de gracias. (8) Mirad que nadie os engañe por medio de filosofías y huecas sutilezas, según las tradiciones de los hombres, conforme a los rudimentos del mundo, y no según Cristo. (9) Porque en él habita corporalmente toda la plenitud de la Deidad, (10) y vosotros estáis completos en él, que es la cabeza de todo principado y potestad. (11) En él también fuisteis circundados con la circuncisión no hecha a mano, al echar de vosotros el cuerpo pecaminoso carnal, en la circuncisión de Cristo; (12) sepultados con él en el bautismo, en el cual fuisteis también resucitados con él, mediante la fe en el poder de Dios que le levantó de los muertos. (13)Y a vosotros, estando muertos en pecados y en la incircuncisión de vuestra carne, os dio vida juntamente con él, perdonándoos todos los pecados, (14) anulando el acta de los decretos que había contra nosotros, que nos era contraria, quitándola de en medio y clavándola en la cruz, (15) y despojando a los principados y a las potestades, los exhibió públicamente, triunfando sobre ellos en la cruz.

(16) Por tanto, nadie os juzgue en comida o en bebida, o en cuanto a días de fiesta, luna nueva o días de reposo, (17) todo lo cual es sombra de lo que ha de venir; pero el cuerpo es de Cristo. (18) Nadie os prive de vuestro premio, afectando humildad y culto a los ángeles, entremetiéndose en lo que no ha visto, vanamente hinchado por su propia mente carnal, (19) y no asiéndose de la Cabeza, en virtud de quien todo el cuerpo, nutriéndose y uniéndose por las coyunturas y ligamentos, crece con el crecimiento que da Dios.

(20) Pues si habéis muerto con Cristo en cuanto a los rudimentos del mundo, ¿por qué, como si vivieseis en el mundo, os sometéis a preceptos (21) tales como: No manejes, ni gustes, ni aun toques (22) (en conformidad a mandamientos y doctrinas de hombres), cosas que todas se destruyen con el uso? (23) Tales cosas tienen a la verdad cierta reputación de sabiduría en culto voluntario, en humildad y en duro trato del cuerpo; pero no tienen valor alguno contra los apetitos de la carne.

(3:1) Si, pues, habéis resucitado con Cristo, buscad las cosas de arriba, donde está Cristo sentado a la diestra de Dios. (2) Poned la mira en las cosas de arriba, no en las de la tierra. (3) Porque habéis muerto, y vuestra vida está escondida con Cristo en Dios. (4) Cuando Cristo, vuestra vida, se manifieste, entonces vosotros también seréis manifestados con él en gloria.

(5) Haced morir, pues, lo terrenal en vosotros: fornicación, impureza, pasiones desordenadas, malos deseos y avaricia, que es idolatría; (6) cosas por las cuales la ira de Dios viene sobre los hijos de desobediencia, (7) en los cuales vosotros también anduvisteis en otro tiempo cuando vivíais en ellas. (8) Pero ahora dejad también vosotros todas estas cosas: ira, enojo, malicia, blasfemia, palabras deshonestas de vuestra boca. (9) No mintáis los unos a los otros, habiéndoos despojado del viejo hombre con sus hechos. (10) y revestido del nuevo, el cual conforme a la imagen del que lo creó se va renovando hasta el conocimiento pleno, (11) donde no hay griego ni judío, circuncisión ni incircuncisión, bárbaro ni escita, siervo ni libre, sino que Cristo es el todo, y en todos. (12) Vestíos, pues, como escogidos de Dios, santos y amados, de entrañable misericordia, de benignidad, de humildad, de mansedumbre, de paciencia; (13) soportándoos unos a otros, y perdonándoos unos a otros si alguno tuviera queja contra otro. De la misma manera que Cristo os perdonó. Así también hacedlo vosotros. (14) Y sobre todas estas cosas vestíos de amor, que es el vínculo perfecto. (15) Y la paz de Dios gobierne en vuestros corazones, a la que asimismo fuisteis llamados en un solo cuerpo; y sed agradecidos.

Pablo conocía la iglesia en Colosas y temía que se dejasen llevar por doctrinas extrañas. Al parecer había judaizantes quienes insistían en que los cristianos debían guardar todas las leyes dietéticas y ceremoniales del judaísmo, y temían que algunos grupos gentiles y paganos les descarriaran. Pablo empieza su carta mostrando cuán completamente Jesucristo es el Señor, y de qué manera ese Señor nos ha abierto el camino para ser libres de todos los poderes. En Colosenses 2:6-8 insiste en que los colosenses han de guardar el evangelio que les ha sido enseñado, y no dejarse persuadir por otras doctrinas. En los versículos 9 y 10 les recuerda que Cristo es el único Señor, en quien reside la plenitud de Dios, y que nosotros mismos hemos sido hechos completos porque hemos sido unidos a él. En los versículos 2:11-13 Pablo muestra el paralelismo entre el bautismo y la circuncisión. El bautismo nos da una circuncisión no hecha de manos. Éramos gente pecaminosa, que no era en realidad parte del pueblo de Dios, hasta tanto llegó el bautismo y nos dio una nueva vida circuncisa.

El énfasis en la circuncisión es muy importante. En esta carta ese énfasis tiene dos funciones. En primer lugar, les dice a los colosenses que no necesitan la circuncisión física, como los judaizantes pretenden. Ya han sido circuncidados gracias al bautismo en Cristo. En segundo lugar, ese énfasis muestra el paralelismo entre ambos ritos, de tal modo que así como la circuncisión fue la antigua señal de la incorporación al pueblo de Dios, ahora el bautismo es también la señal de esa incorporación. Una vez más, el bautismo no es asunto puramente individual o privado; es llegar a ser parte de una nueva comunidad, de una nueva familia, de un nuevo cuerpo.

Esto es de suma importancia. Frecuentemente pensamos que la Biblia es un libro escrito para toda la humanidad. Pero en realidad es un libro escrito para el pueblo de Dios. Es el libro que le dice a ese pueblo quién es. Le da su historia, incluyendo lo bueno y lo malo dentro de ella. Le llama a recordar su verdadera identidad y a no prevaricar como sus antepasados, tanto en Israel como en la iglesia, frecuentemente lo hicieron. Nos dice lo que Dios espera de su pueblo, los propósitos para los cuales ese pueblo ha sido llamado. En cierto sentido, podemos decir que la Biblia es nuestro libro, escrito directamente a y para nosotros, precisamente porque somos bautizados. La Biblia tiene autoridad sobre nosotros no porque sea una serie de buenos consejos, sino porque somos parte del pueblo de Dios. Ciertamente podría y debería ser un libro para toda la humanidad, puesto que llama a todos a la fe. Pero su autoridad no está en su sentido común, sino en el modo que se dirige al pueblo de Dios.

La circuncisión es la señal del pacto del pueblo con Israel. Naturalmente es una señal que solo los varones podían llevar, pues solo se circuncidaban los varones nacidos de madres judías. Dentro del cristianismo tanto los varones como las mujeres pueden recibir la señal de la incorporación, sin importar para nada su linaje natural. En la tradición reformada —es decir, la que procede de Calvino y los reformadores suizos— se usó frecuentemente el paralelismo entre el bautismo y la circuncisión para afirmar el valor del bautismo de párvulos, puesto que los niños judíos se circuncidaban en el octavo día después de su nacimiento. Particularmente Calvino usa ese argumento. Tal bautismo de párvulos, empero, podía administrarse solamente a aquellos que se esperaba crecieran dentro de una familia de fe, de igual manera que la circuncisión se administraba solo a quienes habían nacido dentro de Israel.

En los versículos 2:14-17, Pablo muestra que la resurrección de Cristo es su victoria sobre todos los poderes —poderes del pecado, de la ley, y de cualquiera otra autoridad. Por lo tanto no debemos someternos una vez más a los poderes que ya han sido vencidos. Ya no tenemos obligación de guardar ciertos días, o de evitar ciertas comidas o bebidas. Todo eso tuvo su lugar en el judaísmo. Las leyes sobre la comida, la circuncisión, el sábado y las demás, eran ciertamente leyes dadas por Dios para su pueblo. Pero eran una señal que apuntaba hacia Cristo y su obra. Ahora que la realidad ha venido, y las promesas hechas a Israel se han cumplido en la muerte y resurrección de Cristo, no tenemos necesidad de volver a los antiguos anuncios de su obra cumpliendo aquellas leyes.

En los versículos 2:18-19 Pablo se refiere a otras doctrinas que han llegado a Colosas. Lo que los cristianos han de hacer es mantenerse firmes en Cristo, quien es la cabeza del cuerpo. Han de crecer y alcanzar la madurez como parte de ese cuerpo, y no dejarse llevar por enseñanzas extrañas que procuran apartarles del cuerpo de Cristo. El versículo 2:20 vuelve al tema que ya vimos antes en Romanos: en el bautismo hemos muerto con Cristo, y por lo tanto ya no estamos sujetos a todas esas autoridades. Pablo admite en 2:21-23 que las enseñanzas que aquí rechaza y refuta parecen ser sabias, pero dice que en realidad no lo son.

El argumento continúa en el capítulo 3. Los bautizados no solo han muerto con Cristo, sino que también han llegado a nueva vida con él. Ahora están con él, de una manera escondida o misteriosa, a la diestra de Dios. Por lo tanto, sus vidas han de conducirse a partir del conocimiento de esa nueva realidad, que requiere justicia. En 3:9-14 vemos otra vez la imagen de desvestirse de la vieja vida y revestirse de la nueva —imagen paralela a la práctica de desvestirse de las viejas ropas y ponerse vestiduras nuevas en el bautismo. La esencia de la nueva vida en Cristo es sobre todo el amor mutuo, que se manifiesta en no mentir, en no utilizar lenguaje abusivo, en perdonarse unos a otros y en gratitud por lo que Dios ha hecho por nosotros en Jesucristo. (Resulta interesante comparar estas palabras de no mentir con la historia de Ananías y Safira en Hechos 5.) Los versículos 3:2-10 señalan que nuestro nuevo ser está siendo trasformado para que podamos ser aquello para lo cual fuimos creados, la imagen de Dios. El versículo 3:11 es como Gálatas 3:27-28, pues indica que cuando se es parte del cuerpo de Cristo ya no existen las distinciones sociales de la sociedad común, sino que todos son uno en Cristo, quien es todo en todos.

Por último, tanto en 3:12 como en 3:15 se subraya el hecho de que quienes son bautizados han sido llamados o escogidos por Dios para ser parte de un nuevo pueblo. Han sido llamados para formar parte de un nuevo cuerpo.

Una vez más, en este pasaje se nos dice poco acerca de cómo, cuándo o a quién bautizar. Pero sí vemos la variedad de sentidos entretejidos que se le dan al bautismo.

1 Pedro 2:4-10:

(4) Acercándoos a él, piedra viva, desechada ciertamente por los hombres, mas para Dios escogida y preciosa, (5) vosotros también, como piedras vivas, sed edificados como casa espiritual y sacerdocio santo, para ofrecer sacrificios espirituales aceptables a Dios por medio de Jesucristo. (6) por lo cual también contiene la Escritura: "He aquí, pongo en Sión la principal piedra del ángulo, escogida, preciosa; Y el que creyere en ella no será avergonzado".

(7) Para vosotros, pues, los que creéis, él es precioso; para los que no creen,

"la piedra que los edificadores desecharon, ha venido a ser la cabeza del ángulo";

(8) y "piedra de tropiezo, y roca que hace caer", porque tropiezan en la palabra, siendo desobedientes; a lo cual fueron también destinados. (9) Mas vosotros sois linaje escogido, real sacerdocio, nación santa, pueblo adquirido por Dios, para que anunciéis las virtudes de aquel que os llamó de las tinieblas a su luz admirable: (10) vosotros que en otro tiempo no erais pueblo, pero que ahora sois pueblo de Dios; que en otro tiempo no habíais alcanzado misericordia, pero ahora habéis alcanzado misericordia.

Aunque en esta epístola se habla directamente del bautismo solo en un extraño pasaje del capítulo 3 sobre el cual volveremos más adelante, en realidad todo el libro tiene que ver con el sentido del bautismo mismo. De hecho, algunos comentaristas creen que esta epístola es en realidad un tratado o un sermón sobre el bautismo presentado en forma de carta. En el primer capítulo se llama a los fieles los "elegidos" quienes han sido "rociados con la sangre de Jesucristo" y han renacido "para una esperanza viva, por la resurrección de Jesucristo de los muertos". Todas estas frases y términos se usaban también en el contexto del bautismo.

Al principio del capítulo 2 puede haber una referencia a la Cena del Señor cuando se dice que los cristianos han "gustado la bondad del Señor" —otra frase que también se usaba para referirse a la comunión.

Los versículos 2:4-10 son particularmente importantes porque muestran que quienes han sido bautizados son ahora parte de una nueva comunidad, de un nuevo pueblo de Dios. Hasta entonces no eran pueblo. Ahora son pueblo de Dios. Individualmente son como piedras vivas, pero ahora son parte de un templo que está siendo construido cuya piedra angular es Jesucristo. Aquí se les aplican a los cristianos las palabras que se dirigen a Israel en Éxodo 19.6: Son real sacerdocio y nación santa. Han de anunciarle al mundo cuán grande es este Dios que les ha redimido. El venir a ser pueblo real y sacerdotal se señalaba mediante el aceite con que se ungía a las personas inmediatamente después del bautismo, pues en la antigüedad los que se ungían de esa manera eran los reyes y los sacerdotes. Ya hemos visto que parte de la tarea de los bautizados era interceder ante Dios por el mundo, actuando así como sacerdotes. Sus oraciones eran como incienso que se eleva a Dios, como el aroma de los antiguos sacrificios.

Es interesante notar que inmediatamente después de decir que los bautizados son parte de un nuevo pueblo, mientras que antes no lo eran, el texto continúa diciendo que han de considerarse "extranjeros y peregrinos" en el mundo que les rodea, es decir, en el mundo de la sociedad romana (2:11). Aquí se usa el término "gentiles" para referirse a los que todavía viven en ese mundo. El lenguaje de Israel acerca de sí mismo y acerca de quienes no son parte del pueblo de Dios se usa ahora dentro del contexto de la iglesia con el mismo propósito.

También hay que decir algo acerca de 1 Pedro 3:18-22, donde se menciona el bautismo:

(18) Porque también Cristo padeció una sola vez por los pecados, el justo por los injustos, para llevarnos a Dios, siendo a la verdad muerto en la carne, pero vivificado en el espíritu; (19) en el cual

también fue y predicó a los espíritus encarcelados, (20) los que en otro tiempo desobedecieron, cuando una vez esperaban la paciencia de Dios en los días de Noé, mientras se preparaba el arca, en la cual pocas personas, es decir, ocho, fueron salvadas por agua. (21) El bautismo que corresponde a esto ahora nos salva, (no quitando las inmundicias de la carne, sino como la aspiración de una buena conciencia hacia Dios) por la resurrección de Jesucristo, (22) quien subido al cielo está a la diestra de Dios; y a él están sujetos ángeles, autoridades y potestades.

Fig. 3. Fresco de Noé en el arca, de la catacumba de Priscila en Roma, presentado de tal modo que apunta hacia el bautismo.

Aquí el bautismo se compara con el diluvio, tema que aparece frecuentemente en las decoraciones de los antiguos bautisterios (véase la fig. 3). También debemos señalar que en tiempos de la Reforma Martín Lutero escribió una oración para usarse en el bautismo que recibe el nombre de "La oración del diluvio". De igual manera que Noé y unos pocos otros se salvaron durante el diluvio, ahora también Jesús nos salva en medio de las aguas del bautismo. Hemos sido lavados, no de manera física como una limpieza del cuerpo, sino en un lavacro del pecado en nuestras vidas. Ahora estamos seguros en el arca. Lo que la iglesia antigua también entendía era que de igual modo que con el diluvio comenzó una renovación de la vieja creación, ahora el bautismo nos coloca en una comunidad que es anticipo del Reino, de la nueva creación. La resurrección de Jesús, quien está ahora a la diestra de Dios, muestra que ha conquistado todos los poderes y es ahora el único Señor, y también nuestro Señor. La antigua iglesia frecuentemente utilizaba el arca como símbolo de la iglesia, es decir, como señal del hogar donde hemos sido salvados del juicio a través de las aguas.

Este pasaje también incluye la idea de que en el tiempo entre su muerte y su resurrección Jesús fue al lugar de los muertos a proclamar el evangelio. Esta idea era común en la iglesia antigua.

Por último, debemos mencionar brevemente algunos de los pasajes que la iglesia antigua utilizaba para referirse al bautismo. La historia de Jonás era uno de esos pasajes favoritos, y hay pinturas sobre ella en algunos bautisterios. Jonás fue desobediente hasta que se encontró en medio de las aguas, y Dios le salvó mediante un pez. Cuando se encontró por fin en tierra seca, comenzó a obedecer, aunque fuese a regañadientes. La palabra "pez" era un acróstico que se utilizaba para referirse a Jesús. Las primeras letras de la frase "Jesucristo, Hijo de Dios, Salvador" en griego resultan ser lo mismo que "pez". Los cristianos frecuentemente hacían la señal del pez con el pulgar y el índice como una especie de saludo secreto entre sí. En el siglo II el teólogo cristiano Tertuliano se refiere a Jesús como "el gran pez" a quien nosotros, como pequeños peces, seguimos en el bautismo.

Ya hemos mencionado el éxodo de Egipto y el cruce del Jordán en conexión con los cultos del siglo II; pero hay algo que añadir. El éxodo marca no solo la liberación de Israel de la esclavitud, sino también el comienzo del pacto con Dios que se sella en Sinaí, y que es la señal de que han venido a ser el pueblo de Dios. El bautismo hace lo mismo con nosotros, librándonos de la esclavitud al pecado y la muerte y haciendo de nosotros parte del sacerdocio real y santo de Dios. De igual manera que Israel fue llevado por fin a través del desierto a la tierra prometida, así también mediante el bautismo hemos llegado al amanecer del Reino. Es por esta razón que a los recién bautizados se les daba un cáliz de leche y miel. Muchos de los cantos espirituales de los esclavos negros norteamericanos, así como muchos de los himnos tradicionales de la iglesia, usan esta imagen de cruzar el Jordán para referirse a la muerte y el comienzo de la vida eterna. Para la iglesia antigua, como hemos visto, la vida eterna no era algo que comenzaba solamente tras la muerte física, sino que se inauguraba con el bautismo —aunque también continuaba la vieja vida junto a la nueva. Se esperaba entonces un proceso mediante el cual la vieja vida perdía su fuerza y la nueva la iba ganando. A este proceso se le llama "santificación".

Hay un pasaje bastante extraño en la Primera Epístola de Pablo a los Corintios que también arguye a partir del bautismo, pero que se refiere a algo que se hacía en algunas de aquellas iglesias y que ya hoy no se hace. Como parte de su argumento a favor de la resurrección de los muertos Pablo dice en 1 Corintios 15:29: "De otro modo, ¿qué harán los que se bautizan por los muertos, si en ninguna manera los muertos resucitan? ¿Por qué, pues, se bautizan por los muertos?" Ciertamente, hoy no nos bautizamos por los muertos. Lo que se hacía en tiempos de Pablo no es necesariamente lo que hemos de hacer hoy. De hecho, solamente los mormones se bautizan por los muertos. La práctica a que Pablo se refiere parece haber sido abandonada por el resto de la iglesia en fecha bien temprana.

¿Cuáles son entonces los sentidos bíblicos del bautismo? Nótese que hablamos en plural, sentidos (véase la fig. 4, en la p. 172). La siguiente lista señala los que hemos mencionado hasta aquí:

1. Morir con Cristo
2. Morir a la vieja vida del pecado
3. Resucitar con Cristo, anticipo de la vida eterna
4. El comienzo de una nueva vida de santidad
5. El ser unidos con Cristo, injertados en su cuerpo
6. El perdón de los pecados, una especie de éxodo de la vida de pecado
7. El comienzo de la vida en el Espíritu Santo, vida santa
8. El venir a ser parte de la iglesia, que es el cuerpo de Cristo
9. El unirse al pueblo real y sacerdotal de Dios
10. El entrar a la tierra prometida, anticipo del Reino
11. La circuncisión del corazón, que nos marca como pueblo de Dios
12. El revestirse de Cristo, despojándose de la vida vieja y tomando la nueva

13. Confesar a Jesucristo como el Señor
14. Somos testigos de lo que Dios ha hecho en Cristo y nos ha llamado a proclamar al mundo

Fig. 4. Antiguo baptisterio en Éfeso. Nótese que al mismo tiempo que tiene forma de tumba los semicírculos a los lados apuntan hacia la cruz y sugieren la forma redonda de una matriz. El bautismo es una muerte, un levantarse a nueva vida, y un nuevo nacimiento.

Lo que eso significa para nosotros hoy

Dados todos estos sentidos resulta claro que prácticamente cualquier pasaje de las Escrituras pueda referirse al bautismo, ya que se refiere a lo que hemos sido llamados a ser o lo que quienes fueron llamados antes que nosotros nos pueden mostrar sobre cómo ser el pueblo de Dios —o cómo no serlo. Los profetas se dirigían al pueblo de Dios, y sus palabras son para nosotros también. Podemos ver en las tentaciones del pueblo de Dios la tentación que nos acecha todavía cuando nos imaginamos que hemos sido llamados a una vida de privilegio más bien que de santidad y testimonio. El Nuevo Testamento nos muestra las luchas y dificultades de aquellos primeros cristianos para llegar a comprender lo que estaban llamados a ser. A través del Espíritu

Santo Dios le habla al pueblo hoy gracias a las palabras que les habló a quienes fueron llamados en tiempos pasados. Por lo tanto, todo sermón puede mostrar la importancia y el sentido del bautismo para el pueblo de los que ya han sido bautizados, al mismo tiempo que mostrarles a quienes todavía esperan dar ese paso lo que esto implica.

Si en cada sermón le recordamos a la congregación quiénes hemos sido llamados a ser porque hemos sido bautizados, reforzamos nuestro sentido de identidad como cristianos. Eso también quiere decir que podemos subrayar la importancia y el mensaje de cualquier pasaje bíblico para nuestra vida conjunta como congregación, y no solo para cada uno de nosotros individualmente. Podemos aprender de la iglesia antigua, así como del Nuevo Testamento, que el bautismo no es algo que se ha de mencionar raramente y de pasada, o solo cuando se está celebrando un bautismo. El bautismo es la base de nuestra identidad como iglesia, y su significado nunca se agota. Todas nuestras vidas como cristianos son una apropiación y profundización de lo que significa nuestro propio bautismo, y por lo tanto de lo que significa nuestra vida como parte del cuerpo de Cristo (véase la fig. 5).

Fig. 5. Antiguo baptisterio en Milán construido por Ambrosio, y donde Agustín y su hijo fueron bautizados hacia fines del siglo IV. El centro es redondo, en señal del nuevo nacimiento. Pero se encuentra dentro de un octágono, en señal de que el primer día de la semana —el Día de Resurrección— es también el octavo, el amanecer de una nueva era, la irrupción de la nueva creación dentro de la antigua.

4. La Cena del Señor entonces y ahora

$\mathcal{E}$n el Nuevo Testamento hay dos clases de referencias a la Cena del Señor. Algunas describen la institución de la cena misma, mientras que otras fundamentan algún argumento teológico sobre la importancia y el sentido de la Cena para la iglesia. Hay cuatro pasajes bíblicos que pertenecen a la primera categoría: uno en cada uno de los tres primeros evangelios, cuando Jesús celebró la cena con sus discípulos en la noche en que fue entregado, y otro en 1 Corintios 11:23-26, donde Pablo repite lo que le fue enseñado respecto a lo que el Señor hizo y dijo en esa noche.

Los pasajes de la institución de la Cena

Hay algunas ligeras diferencias entre estos cuatro pasajes. Pablo señala y subraya que la Cena proclama la muerte del Señor hasta que él venga. Tiene por lo tanto tonos escatológicos. Pablo también subraya la importancia de la Cena como pacto. Mateo concuerda con Pablo en cuanto a la importancia del pacto, al mismo tiempo que añade que es "para el perdón de los pecados". Pero el énfasis escatológico de Mateo es diferente, pues dice : "Os digo que desde ahora no beberé más de este fruto de la vid hasta aquel día en que lo beba nuevo con vosotros en el reino de mi Padre" (Mateo 26:29). Según el entendimiento de la iglesia antigua, "aquel día" a que se refiere Mateo se cumple en cierto sentido cada vez que se celebra la comunión, puesto que esta es un reencuentro del Señor resucitado con su pueblo en la mesa

175

misma, y es por tanto un atisbo del Reino que comenzó en la resurrección de Jesús. El viejo mundo continuaba, pero la nueva creación, el Reino mismo, había irrumpido en el mundo. La versión de Marcos es muy breve, y menciona tanto el pacto como la promesa que aparece en Mateo de no volver a tomar del fruto de la vid hasta compartirlo en el Reino. En Lucas se menciona el pacto, pero se subraya más la venida del Reino y su relación con la participación en la copa. Entre los evangelios, solo los primeros tres narran la institución de la Cena del Señor aquella noche en que fue entregado. En esos evangelios, esto tiene lugar en la cena pascual de los judíos. En el Evangelio de Juan el contexto es diferente, pues tiene lugar antes de la Pascua. Jesús ha de morir el día de preparación, que es precisamente cuando se matan los corderos para la cena pascual. Jesús es el Cordero de Dios, y su muerte es señal del nuevo pacto, de igual manera que la primera Pascua fue señal del primer pacto. La frase "Cordero de Dios" siempre nos recuerda la Pascua. Pablo mismo, aunque no se refiere a la fecha en la que tuvo lugar aquella última cena de Jesús con sus discípulos, utiliza imágenes tomadas de la celebración pascual cuando dice: "Porque nuestra Pascua, que es Cristo, ya fue sacrificada por nosotros. Así que celebremos la fiesta, no con la vieja levadura ni con la levadura de malicia y de maldad, sino con panes sin levadura, de sinceridad y de verdad" (1 Corintios 5:7b-8). En la primera Pascua el pueblo de Dios fue llevado a través de las aguas a la liberación de su esclavitud. En este nuevo pacto, el nuevo pueblo de Dios es llevado a través de las aguas del bautismo a su propia liberación —pero no liberación de un opresor humano, sino más bien del pecado y de la esclavitud a la cual el pecado ha conducido a la humanidad, y que incluye la muerte misma. De hecho, para Pablo la servitud a que toda la creación está sujeta no se limita a los seres humanos, sino que tiene dimensiones cósmicas que incluyen a toda la creación (Romanos 8:19-23).

Juan sí se refiere a una cena que tiene lugar en la última noche del Señor con sus discípulos, pero el énfasis cae sobre el lavacro de los pies que tuvo lugar durante esa cena. Solo hay una referencia que habla de Jesús dándole el pan a alguien, y esa persona es Judas, de modo que el darle el pan es señal de quién le ha traicionado (Juan 13:21-27). Sí se incluyen varios dichos de Jesús durante la cena, pero se dice poco de la cena misma. Empero, más temprano en el mismo Evangelio de Juan, Jesús sí se refiere a su cuerpo y sangre como alimento para sus seguidores, y tales palabras indudablemente señalan al modo en que la iglesia entendía la Cena del Señor (Juan 13:27-58). Este pasaje se refiere a comer la carne y beber la sangre de Cristo en términos que resultan fuertes y casi escandalosos, no solo para aquella primera audiencia judía en el siglo I, sino también para nosotros. En esas palabras Jesús establece una relación entre comer el pan y beber el vino por una parte, y recibir la vida eterna por otra. Él es el pan del cielo, el verdadero pan que da vida verdadera. Su sangre es verdadera bebida, y quienes participan de ella resucitarán en el día postrero. Al comer y beber del pan y el vino sus seguidores se unen a él y por tanto participan en su vida resucitada. Jesús dice: "Porque mi carne es verdadera comida y mi sangre es verdadera bebida. El que come mi carne y bebe mi sangre permanece en mí y yo en él" (Juan 6:55-56). Jesús compara el pan de ese cuerpo que él entrega por sus seguidores con el pan que Dios le dio al pueblo en el desierto, el maná. Aunque aquel antiguo maná era milagroso, quienes comieron de él a la postre murieron. Pero quienes comen de la carne de Jesús nunca morirán. Desde ahora participan ya de la vida eterna porque viven en él y él en ellos.

A lo largo de todo ese pasaje hay una unión indisoluble entre el sentido de la Cena y la muerte de Jesús en la cruz, pero también se subraya el futuro, así como la nueva vida y el Reino que ya han comenzado, pero que se cumplirán más adelante. Por varias razones a través de toda la Edad Media, y aun en tiempos de la Reforma, se vio el mensaje de la comunión en términos de la muerte de Jesús y de una promesa para la vida después de la muerte, pero se hablaba poco de la vida nueva y de la nueva creación de que los creyentes ya participan. Tanto para los protestantes como para los católicos romanos, las discusiones acerca del sentido de la comunión se centraban en la muerte de Jesucristo y en los beneficios obtenidos mediante esa muerte. Ciertamente había profundas diferencias entre los católicos y los protestantes en cuanto a cómo deberían verse el pan y el vino y en cuanto a cómo se recibían los beneficios de la muerte de Jesús, pero el tema subyacente era el mismo, pues el énfasis caía siempre sobre la cruz y sus sufrimientos. Luego, se había perdido la visión original de la Cena como la celebración gozosa de la reunión del pueblo creyente con su Señor resucitado. En lugar de esto, todo se centraba en un servicio memorial sombrío o, para los católicos romanos, en una repetición incruenta de la cruz. En el capítulo 2 vimos algunas razones que llevaron a ese cambio. Más recientemente en el movimiento de renovación litúrgica, que también se discutió en aquel capítulo, comenzaron a restaurarse las interpretaciones y prácticas más antiguas referente a la Cena del Señor, con lo cual se restauró también del sentido de gozo.

Otros pasajes

Es difícil seleccionar pasajes específicos sobre la Cena del Señor más allá de aquellos que se refieren a la institución de la Cena misma, que ya hemos discutido. Pero en todo caso podemos ver algunos de ellos. En cierto sentido, el pasaje de Juan 6 que se discute más arriba es uno de esos textos que no narran directamente la institución de la Cena, pero sí se refieren a esa Cena. Pero ese pasaje no menciona la celebración misma de la Cena en el seno de la iglesia. Muchos de los pasajes en los cuales Jesús come con los pecadores o con sus discípulos también pueden interpretarse a la luz de la Cena del Señor. También los lugares en que Jesús se refiere a banquetes en el Reino pueden interpretarse del mismo modo, pues nos llevan a ver las celebraciones presentes de la Cena del Señor como un anticipo de esa cena final.

Un ejemplo de ello lo tenemos en Apocalipsis 19:7-9a, donde el ángel dice:

> Gocémonos, alegrémonos y démosle gloria, porque han llegado las bodas del Cordero y su esposa se ha preparado. Y a ella se le ha concedido que se vista de lino fino, limpio y resplandeciente (pues el lino fino significa las acciones justas de los santos). El ángel me dijo: «Escribe: Bienaventurados los que son llamados a la cena de las bodas del Cordero».

La imagen de la iglesia como la esposa de Cristo aparece también en Efesios 5:25-32, así como en muchísimos escritos de la iglesia antigua. Aquí en el Apocalipsis esa imagen lleva a la gran cena de las bodas en las que la iglesia queda permanentemente unida a Cristo en el Reino final. Lo que esto da a entender es que en la comunión tenemos un anticipo de esa gloriosa cena de las bodas del Cordero en el Reino.

Hay otro pasaje al final de evangelio de Lucas que también hace referencia a la comunión, aunque sin mencionarla directamente. Se trata de la narración sobre los dos discípulos que se encuentran con Jesús cuando van camino a Emaús y no le reconocen hasta que Jesús parte el pan con ellos. Para los cristianos en los primeros tiempos de la vida de la iglesia la sorpresa y gozo de aquellos dos discípulos eran señal de la sorpresa y gozo de los creyentes que se encontraban con el Señor en la Santa Cena (Lucas 24:13-32).

Pasajes paulinos

Veamos entonces dos pasajes en la Primera Epístola de Pablo a los Corintios que utilizan la Cena misma como base para la interpretación teológica de la vida de aquella iglesia. Ya hemos mencionado el primero al citar a Agustín en su sermón dirigido a los recién bautizados en el Domingo de Resurrección. Se trata de 1 Corintios 10:16-17: "La copa de bendición que bendecimos, ¿no es la comunión de la sangre de Cristo? El pan que partimos, ¿no es la comunión del cuerpo de Cristo? Siendo uno solo el pan, nosotros, con ser muchos, somos un cuerpo, pues todos participamos de aquel mismo pan". Agustín usó ese pasaje para mostrar cuán importante era la unidad de la iglesia. El uso que Pablo le da es algo diferente. El pasaje mismo tiene lugar dentro de una parte de la carta en la que Pablo está discutiendo la idolatría en la que al parecer algunos de los corintios han caído. Por eso el pasaje concluye con las palabras: "No podéis beber la copa del Señor y la copa de los demonios; no podéis participar de la mesa del Señor y de la mesa de los demonios" (1 Corintios 10:21).

Beber la copa es unirse a Cristo. Aunque los demonios a quienes se ofrece el culto idolátrico no son nada, el beber la copa de los demonios o sentarse a su mesa une a quien así lo hace a su culto, y por lo tanto deshonra a Cristo. Pablo usa el mismo argumento al referirse a la prostitución: "¿No sabéis que vuestros cuerpos son miembros de Cristo? ¿Quitaré, pues, los miembros de Cristo y los haré miembros de una ramera? ¡De ninguna manera!" (1 Corintios 6:15). En otras palabras, Pablo toma muy literalmente el hecho de que mediante el bautismo y la Cena del Señor nos unimos al cuerpo de Cristo, y que esa realidad tiene enormes implicaciones para toda la vida cristiana así como para la vida de la iglesia.

El último pasaje de Pablo que hemos de considerar incluye las palabras de la institución de la cena, pero es necesario estudiarlo en el contexto en que esas palabras aparecen. Pablo no estaba dando directrices para el culto, sino que estaba más bien usando el servicio de comunión para mostrarles a los corintios que el modo en que se trataban entre sí no era correcto. Pablo dice en 1 Corintios 11:17-30:

(17) Al anunciaros esto que sigue, no os alabo, porque no os congregáis para lo mejor, sino para lo peor. (18) En primer lugar, cuando os reunís como iglesia, oigo que hay entre vosotros divisiones; y en parte lo creo. (19) Es preciso que entre vosotros haya divisiones, para que se pongan de manifiesto entre vosotros los que son aprobados. (20) Cuando, pues, os reunís vosotros, eso no es comer la cena del Señor. (21) Al comer, cada uno se adelanta a tomar su propia cena; y mientras uno tiene hambre, otro se embriaga. (22) Pues qué, ¿no tenéis casa en que comáis y bebáis? ¿O menospreciáis la iglesia de Dios, y avergonzáis a los que no tienen nada? ¿Qué os diré? ¿Os alabaré? En esto no os alabo.

(23) Yo recibí del Señor lo que también os he enseñado: Que el Señor Jesús, la noche que fue entregado, tomó pan; (24) y habiendo dado gracias, lo partió y dijo: "Tomad, comed; esto es mi cuerpo que por vosotros es partido; haced esto en memoria de mí". (25) Asimismo tomó también la copa, después de haber cenado, diciendo: "Esta copa es el nuevo pacto en mi sangre; haced esto todas las veces que la bebáis, en memoria de mí". (26) Así pues, todas las veces que comáis este pan y bebáis esta copa, la muerte del Señor anunciáis hasta que él venga.

(27) De manera que cualquiera que coma este pan o beba esta copa del Señor indignamente, será culpado del cuerpo y de la sangre del Señor. (28) Por tanto, pruébese cada uno a sí mismo, y coma así del pan y beba de la copa. (29) El que come y bebe indignamente, sin discernir el cuerpo del Señor, juicio come y bebe para sí. (30) Por lo cual hay muchos enfermos y debilitados entre vosotros, y muchos han muerto.

Este es un extraño pasaje en el que se combinan algunos ver-sículos que nos son muy conocidos con otros que rara vez es-cuchamos. El contexto resulta claro: Pablo estaba preocupado por el modo en que los corintios estaban celebrando la Cena del Señor. Se suponía que ese momento de unidad sirviera para so-breponerse a todas las barreras de nivel social, de raza, de na-cionalidad y a cualquiera de los muchos otros modos que los humanos empleamos para separarnos unos de otros. La unidad que les había sido dada en el bautismo debía ser renovada en la cena común en compañía del Señor resucitado. Pero cuando esta congregación se reunía, las barreras todavía continuaban. No se ve aquí que la nueva creación esté irrumpiendo en la vida de los corintios. Particularmente, parece que las barreras de los niveles económicos y sociales seguían siendo tan fuertes dentro de la iglesia como fuera de ella.

En las iglesias evangélicas frecuentemente se ha subrayado la necesidad de examinarse a sí mismo antes de recibir la comu-nión. Esto se hace basándose en los versículos 27-29. En algunas iglesias, particularmente en Escocia, esto se entendió en el senti-do de que el pastor o algún anciano debía visitar a cada miembro antes del servicio de comunión para asegurarse de que estaba listo para él —o en otros casos, si no había tal visita, que hubiera la menos un culto especial de preparación para poder participar de la Cena el domingo. El pasaje también se ha empleado para decir que quienes no entienden la comunión de cierta manera —es decir, quienes no "disciernen el cuerpo"— no pueden tam-poco recibirla. Esto también quiere decir que no se debe permitir a los niños participar de la comunión hasta que tengan suficiente madurez para que se les pueda examinar en cuanto a cómo la interpretan.

Pero cuando leemos el pasaje dentro de su contexto nos damos cuenta de que lo que Pablo está diciendo es muy diferente. Los miembros más pudientes de la iglesia se mostraban irrespetuosos hacia los más pobres. No olvidemos que en esa época la Cena del Señor era toda una comida de la que el pan y el vino eran parte especial. Se traía comida, y se esperaba que todos la compartie-ran. Pero los más ricos traían comida para sí mismos y los pobres pasaban hambre. Por eso Pablo les dice que, a pesar de lo que se imaginen acerca de lo que están haciendo, en realidad no están celebrando la Cena del Señor. Cuando les escribió entonces que debían examinarse, esto se refería a su conducta entre sí. Al decirles que tenían que "discernir el cuerpo" les está diciendo que han de percatarse de que el grupo reunido es el cuerpo. Son solo un cuerpo, el cuerpo de Cristo, y esto es así porque participan de un solo pan. Los ricos que no comparten su comida y bebida no han discernido el cuerpo de Cristo que es la iglesia, y que los incluye no solo a ellos sino a los pobres. En otras palabras, "el cuerpo" en este pasaje no es el pan, sino la iglesia.

La parte del pasaje que probablemente se nos haga más difícil de entender en el día de hoy es el versículo 30, donde se sugiere que la enfermedad y hasta la muerte de algunos miembros había sido el resultado de no haber actuado debidamente como el cuerpo de Cristo. En 1 Tesalonicenses 4:3-18, Pablo les dice a los creyentes que no han de preocuparse mucho por el hecho de que algunos han muerto antes de la venida del Señor. Cómo esto dos pasajes han de entenderse es tema para otro tiempo y lugar.

El ofertorio

Para la mayoría de los evangélicos, si escuchamos que en el culto se habla del "ofertorio", probablemente lo que esto significa es que debemos ir al bolsillo para buscar una ofrenda. Pero el sentido original de esta palabra se refería a la ceremonia en la comunión en que se traían a la mesa el pan y el vino. Como hemos dicho antes, ya hacia fines del siglo I no se celebraba comúnmente la Cena como una comida completa, porque las congregaciones habían ido creciendo demasiado. Por eso la Cena se redujo entonces al pan y al vino, que siempre habían sido el centro de la comunión. La primera parte del servicio en el día del Señor era tanto para los miembros como para quienes se preparaban para el bautismo —es decir, los catecúmenos. Había entonces una transición entre el "servicio de la palabra" y el "servicio de la mesa" —la comunión o celebración eucarística. En ese momento se bendecía a los catecúmenos orando por ellos e imponiéndoles las manos, y entonces se les despedía. El culto seguía entonces en el mismo lugar, pero ahora se traían a la mesa el pan y el vino. Lo más probable es que los trajeran algunos de los miembros que los habían provisto. Luego, lo que se ofrecía en el "ofertorio" eran los elementos para la comunión.

En este contexto hay dos cosas que es necesario señalar. En primer lugar, siempre se recogía una ofrenda en el culto, pero esta no era para la iglesia, sino para los pobres y necesitados. Justino Mártir describe el servicio dominical del siglo II como sigue:

> Quienes tienen algunos recursos así como el deseo, contribuyen con lo que a cada cual le parece, y lo que se reúne se le entrega al presidente, quien con ello ayuda a los huérfanos y las viudas y a quienes, ya sea por enfermedad o por alguna otra causa, están necesitados, así como también a los prisioneros y a los extranjeros que moran entre nosotros. En una palabra, el presidente se ocupa de todos los necesitados. (*Primera apología*, 67)

La iglesia no tenía edificios, pues la ley no se lo permitía. Es posible que algunos clérigos recibieran pago, pero la mayoría de ellos eran personas relativamente apoderadas puesto que era necesario tener cierta educación, incluso saber leer y escribir, para poder cumplir con las funciones del pastorado. Cuando alguien que tenía recursos económicos era elegido para servir como pastor se esperaba que repartiera buena parte de lo que tenía entre los pobres y que a partir de entonces viviera en sencillez. (Como era de esperarse, todo esto cambiaría al asociarse el Imperio Romano con la iglesia en el siglo IV.)

En segundo lugar, es importante destacar que había ciertas diferencias entre el modo en que se veía el elemento del agua en el bautismo y los elementos de pan y vino en la Santa Cena. En el bautismo se emplea agua —agua pura tal como el Creador nos la ha dado. La situación en la Santa Cena es bien diferente. Dios nos dio el trigo y las uvas, pero lo que se emplea en el sacramento conlleva una buena medida de trabajo humano. Ha sido necesario moler el trigo y entonces hacer de él harina y pan. Las uvas han sido exprimidas y convertidas en vino. Lo que se le ofrece entonces a Dios en el ofertorio no es solo lo que Dios nos ha dado directamente, sino también pan y vino en los que el trabajo humano se ha unido a la dádiva divina. Por eso es que no hay un ofertorio para el agua del bautismo. Pero en el caso del pan y el vino sí lo hay, puesto que han sido transformados por el trabajo humano. Ofrecidos a Dios ahora en el sacramento, Dios los toma de nuevo y nos los devuelve como vínculo que nos une a Cristo, dándoles así un valor que no tenían antes de serle ofrecidos. Esto no quiere decir que el pan y el vino se transformen, sino que ahora son capaces de hacer algo que antes —y aun hoy aparte de la celebración— no podían. Por esa razón tanto en los más antiguos servicios de comunión como en los más recientes se incluye una oración pidiéndole al Espíritu Santo que bendiga el pan y el vino de tal modo que puedan unirnos entre nosotros y con Cristo.

Resumen de significados

Podemos hacer entonces un listado de los diversos significados posibles de la Cena del Señor. Estos no se excluyen mutuamente, sino que se complementan unos a otros. Son:

1. Recordatorio de la muerte y resurrección de Cristo
2. Recibir a Cristo
3. Venir a ser parte de Cristo
4. Que Cristo venga a ser parte nuestra
5. Venir a ser parte del cuerpo de Cristo al recibir su cuerpo
6. Recibir el perdón
7. Recibir un anticipo del banquete escatológico
8. Reconocer nuestra culpa y arrepentimiento
9. Reconocer la victoria de Cristo nuestro Salvador y recibir sus fuerzas
10. Ser santificados
11. Reconocer a Cristo como sacrificio por el pecado
12. Reconocer y celebrar la resurrección como el inicio del Reino de Dios
13. Recordar las promesas de Dios y que, puesto que somos hijos suyos, Dios provee para nosotros en lo que viene a ser paralelo al maná en el desierto
14. Participar en el gozo del Reino por estar ya en presencia del Señor resucitado
15. Recordarnos de la obligación de compartir gozosamente con los más necesitados.

Significado para hoy

Frecuentemente existe la preocupación entre las congregaciones y sus pastores de que si la comunión se celebra frecuentemente perderá su significado y se convertirá en un rito hueco y repetitivo. Al ver la lista de posibles significados que acabamos de presentar resultará claro que hay una enorme variedad de maneras en que se puede ver la comunión. Lo que necesitamos es sentirnos libres en dos direcciones. En primer lugar, los pastores y pastoras tenemos que percatarnos del modo en que los pasajes bíblicos que no mencionan la Cena del Señor pueden ser usados como base de predicación en los servicios de comunión. Si nos limitamos a los seis o siete que mencionan específicamente la Cena del Señor nos veríamos obligados a predicar repetidamente sobre ellos. Pero la serie de significados que acabamos de dar se encuentran en muchos textos bíblicos que a simple vista no parecen relacionarse con la comunión. En otro capítulo veremos cómo se puede establecer tal relación. En segundo lugar, los pastores y pastoras necesitamos manifestar cierta flexibilidad en cuanto a las oraciones que se elevan en el servicio de comunión. Si estas oraciones y todo lo demás se relaciona únicamente con la cruz, todo lo que se diga en el sermón, ya sea acerca del Reino de Dios que va amaneciendo o acerca del cuerpo de Cristo, no parece relacionarse con un servicio de comunión que por su formato y oraciones parece referirse únicamente al sacrificio de la cruz y al Viernes Santo.

La celebración frecuente de la Cena del Señor, unida a la mención frecuente del significado del bautismo, nos ayuda como iglesia a mantener nuestra atención enfocada sobre el mensaje central del evangelio. Es por esta razón que los principales reformadores protestantes, entre ellos Lutero y Calvino, creían que la verdadera iglesia se encuentra doquiera "se predique correctamente la Palabra y se administren correctamente los sacramentos". Lo que querían decir con esto es que la verdadera predicación, es decir la explicación y aplicación del texto bíblico, unida a los sacramentos del bautismo y la Santa Cena, mantiene a la congregación enfocada en el evangelio. Si la Cena se sirve solo cuatro veces al año, y cuando se hace parece no tener gran relación con el resto del año, o si los bautismos tienen lugar solo ocasionalmente como ceremonias que no se relacionan con el culto y la vida toda de la iglesia, entonces el mensaje de la cruz y la resurrección sencillamente no serán tampoco el centro durante el resto de los domingos. Tanto el bautismo como la Santa Cena se refieren a la cruz y a la resurrección y a lo que esa cruz y resurrección significan para nosotros. Mencionarlos frecuentemente ayuda a la predicación, y no disminuye su importancia o su valor. Pero esto es cierto solamente si entendemos y proclamamos toda la plenitud de los significados y dimensiones de estos sacramentos (véase la fig. 6).

Fig. 6. Fresco de la catacumba de Calixto en Roma donde se presenta un servicio de comunión, el centro mismo del culto cristiano.

5. El año cristiano

Su historia

Una de las principales formas en que la iglesia antigua educaba a sus miembros acerca de los puntos esenciales del evangelio fue el calendario semanal, y poco después el calendario anual. En esto la iglesia seguía el patrón judío de celebraciones y conmemoraciones en tiempos específicos. Tanto el judaísmo como el cristianismo se fundamentan en acciones concretas de Dios en la historia, y por lo tanto el recordatorio de tales acciones es fundamental para la identidad del pueblo. En el judaísmo, la celebración semanal era el día de reposo, en el que se recordaba y conmemoraba que Dios es el Creador de todas las cosas. La celebración anual de la Pascua les recordaba a los judíos del Dios que les había librado del yugo de Egipto.

Para los cristianos, desde tiempos tempranos en el siglo II y posiblemente ya en el siglo I, cada miércoles era día de ayuno en recordatorio de la traición de Jesús por Judas y de nuestra propia debilidad y posibilidad de traición. Cada viernes era también día de ayuno en recuerdo de la cruz. Y cada domingo se celebraba la fiesta gloriosa de la Resurrección. Dado tal patrón se le hacía imposible al creyente desconocer que el centro del evangelio son la muerte y resurrección de Cristo. En alguna fecha durante el siglo II, la iglesia empezó a celebrar un domingo en particular como el Gran Día de Resurrección. Aunque cada domingo era un día de resurrección, este domingo iba a ser el día especial en que se celebraría el aniversario de la Resurrección. Puesto que la resurrección de Jesús tuvo lugar en tiempos de la Pascua judía, la resurrección comenzó a celebrarse en la misma época.

Hubo algunos debates en cuanto a la fecha exacta en que se debía celebrar la Resurrección. La fecha de la Pascua judía se determinaba mediante un cálculo que incluía el equinoccio de primavera y las fases de la Luna, y por tanto podría caer en cualquier día de la semana. Algunos cristianos concordaban con esto. Pero otros insistían en que era absolutamente necesario celebrar la Resurrección en el domingo, el primer día de la semana, puesto que ese fue el día de la resurrección del Señor. Fue esta práctica la que a la postre se impuso, aunque siempre con cierta relación con la fecha de la Pascua judía.

Una vez que se empezó a celebrar un domingo particular como el Gran Día de la Resurrección —resurrección que se señalaba también en una celebración algo menor cada domingo— la Semana Santa comenzó a formarse. Resultaba obvio añadir el Viernes Santo. El sábado entre el Viernes Santo y el Domingo de Resurrección vino a ser la fecha preferida para los bautismos, de modo que los recién bautizados se levantaran a nueva vida el mismo día de la semana en que el Señor se levantó de entre los muertos. Bien pronto se fue llenando el resto de la semana: el jueves se recordaba el lavacro de los pies tal como se cuenta en Juan 13, y la Santa Cena como se cuenta en los otros tres evangelios. La etapa final de preparación para los candidatos a ser bautizados el Domingo de Resurrección comenzaba un miércoles tres y media semanas antes. Algo después, cuando se empezó a bautizar a las personas en distintas fechas del año, ya no se hacía necesario ni factible tener este período especial de preparación inmediatamente antes de la Pascua de Resurrección. Entonces ese período vino a ser un tiempo útil para que toda la iglesia se dedicase a recordar el significado de su bautismo y para que todos los cristianos se rededicaran al profundo significado del bautismo como un morir en Cristo y levantarse a nueva vida en él. También se extendió este período hasta llegar a un total de cuarenta días, en imitación del tiempo que Jesús pasó en el desierto antes de su bautismo y de los cuarenta años que Israel pasó en el desierto antes de cruzar el Jordán. Este período de preparación para la Pascua de Resurrección es lo que ahora llamamos Cuaresma.

Siguiendo como guía el libro de Hechos, la iglesia comenzó a celebrar la Ascensión de Cristo cuarenta días después de la Pascua de Resurrección, es decir, en un jueves. También se empezó a celebrar el día de Pentecostés cincuenta días después del de Resurrección. Esta última fecha también se consideró apropiada para bautizar a quienes no había podido recibir ese sacramento en el día de Pascua de Resurrección.

La celebración de la Navidad comenzó más tarde, por lo general en el siglo IV. En contraste con lo que sucedía con la Pascua de Resurrección, no había evidencia alguna en el texto bíblico acerca de la fecha en que Jesús nació. La iglesia estaba consciente de ello. Pero había varias herejías que negaban que Jesús hubiera nacido o que fuera verdaderamente humano. Según tales doctrinas, Jesús era divino, pero solo parecía ser humano. Por lo tanto quienes seguían esas doctrinas falsas pensaban que Jesús no había podido nacer ni morir como cualquier ser humano, para luego levantarse de entre los muertos. Naturalmente, la iglesia pensaba que estas opiniones se oponían al corazón mismo del evangelio. Por lo tanto se empezó a celebrar el nacimiento de Jesús, que subraya su humanidad, para que los fieles no se dejaran llevar por tales doctrinas erróneas.

Lo que no estaba claro era cuándo celebrar ese nacimiento. Había varias festividades romanas que tenían lugar a fines de diciembre y principios de enero, y que celebraban el renacer del Sol tras el solsticio de invierno. Los cristianos tomaron la época del año de esas festividades para celebrar el nacimiento de Jesucristo. Con ello, al mismo tiempo que le daban un nuevo sentido a esa época del año, apartaban a los creyentes de las celebraciones paganas romanas. También se pensaba que este era el tiempo apropiado porque Jesús era el verdadero Sol de Justicia, quien traía luz y nueva vida a un mundo atado en las tinieblas del pecado. Cuando las tribus germánicas vinieron a ser parte de la iglesia, sus antiguas celebraciones del renacer del Sol también se asociaron con la Navidad. La Iglesia Oriental, cuyo centro estaba en las áreas del Imperio Romano donde se hablaba griego, ya habían escogido la fecha del 6 de enero para celebrar el nacimiento de Jesús. Poco a poco se fue llegando a un acuerdo según el cual el nacimiento de Jesús comenzaría a celebrarse el 25 de diciembre, pero continuaría hasta el 6 de enero, en que se celebraba tanto el bautismo de Jesús como la llegada de los magos a Belén. Esta última fecha, que recibió el nombre de Epifanía, también vino a ser fecha apropiada para celebrar el bautismo.

Más tarde, durante la Edad Media, se pensó que la fiesta de la Navidad debería tener un tiempo de preparación para ella, como lo tenía la Pascua de Resurrección. Las cuatro semanas de preparación para la Navidad recibieron entonces el nombre de Adviento, tiempo de preparación para el nacimiento o advenimiento de Jesús.

Tenemos así la estructura básica del año cristiano. Este gira en torno a dos períodos fundamentales, uno que comienza en Adviento y lleva hasta la Epifanía, y el otro que comienza en Cuaresma y lleva al Pentecostés. Aunque poco a poco se han ido añadiendo otras fechas, estas siguen siendo las más importantes.

La razón por la cual la iglesia desarrolló este calendario fue la necesidad de ayudar a los fieles a recordar y celebrar los puntos esenciales del evangelio. Todavía tiene el mismo propósito. Durante los últimos siglos de la Edad Media, se le fueron añadiendo a este calendario tantos días de festividades de santos y otras fiestas menores que la estructura fundamental del año cristiano quedó eclipsada. Se les hacía difícil a los fieles distinguir entre lo esencial y lo secundario. Al llegar la Reforma Protestante, el calendario de la iglesia se había complicado y llenado tanto que ya no tenía su función original de enseñarles la fe a los creyentes. Los reformadores no concordaban en cuanto a qué hacer respecto a esto. Lutero prefería mantener el calendario tradicional, pero eliminar la sobreabundancia de festividades de santos. Calvino prefería mantener algunas de las fechas, particularmente la Pascua de Resurrección y la Navidad. Otros grupos más radicales querían eliminarlo todo menos el domingo, al cual comenzaron a llamar Sabbath o "sábado", usando el antiguo término hebreo para el día de reposo. Algunos de ellos comenzaron a celebrar el domingo tomando algunas de las prácticas tradicionales del sábado judío, con su énfasis en el descanso. Con todo ello se fue perdiendo el sentido del domingo como día de celebración de la Resurrección del Señor, y se volvió un día de prohibiciones y observancias legalistas.

Como hemos visto, ya algo de esto había ido sucediendo durante la Edad Media. La idea de que la misa era el "sacrificio incruento de Cristo" por los pecados del mundo había hecho del servicio del domingo una especie de Viernes Santo fúnebre

—aunque no tanto como el Viernes Santo mismo. La Pascua de Resurrección también había perdido mucho de su sentido original. Algunas ideas griegas respecto a la inmortalidad del alma habían venido a ocupar la antigua visión bíblica de la resurrección de los muertos. También se había perdido el sentido de que la resurrección de Jesús había inaugurado el Reino, y que la iglesia era sus primeros frutos, la comunidad que vive gozando ya de un anticipo del Reino. La Reforma misma tampoco pudo recuperar sino un atisbo de lo que habían sido las celebraciones antiguas, o del modo en que se entendían. Tras la muerte de los primeros reformadores, hasta ese atisbo quedó olvidado.

Aquellos protestantes de habla inglesa que no eran anglicanos ni luteranos prácticamente abandonaron el año eclesiástico. Algunos siguieron celebrando la Pascua de Resurrección, pero declararon que la Navidad no era sino una festividad pagana. Otros siguieron celebrando la Semana Santa y la Navidad, y a veces también la Epifanía, pero se negaban a incluir la Cuaresma y el Adviento, y se olvidaban de la Ascensión y del Pentecostés.

A pesar de todo esto, un entendimiento claro acerca de la importancia y utilidad del año cristiano puede ser de gran ayuda para la predicación. El tener conciencia de un día particular o estación durante el año nos puede ayudar en la interpretación del texto bíblico. También nos puede ayudar a relacionar el texto con la vida de adoración de la congregación. Además puede ayudar al predicador o predicadora a ir más allá de los textos obvios acerca de la Navidad o de la Resurrección, y ver por tanto el vínculo entre la estación en que se está y buena parte del resto de la Biblia. Por ejemplo, si durante la época de la Navidad solamente podemos usar los pasajes acerca del nacimiento de Jesús, resulta claro que tenemos muy pocos textos acerca de los cuales predicar. Lo que es más, nos contentaremos con seguir la práctica de los establecimientos comerciales y actuar como si la época de Navidad terminase abruptamente el 25 de diciembre, pues ya no tenemos mucho más que decir. Esto es cierto aun más de otros períodos más largos, como el Adviento y la Cuaresma. Si nos basta con una o dos oraciones para resumir todo lo que podemos decir sobre el significado de una fecha o de una estación del año, nos será difícil predicar en esas fechas o estaciones sin repetir continuamente lo que hemos dicho.

Luego, el año eclesiástico solo nos será útil si nos provee un marco teológico lo suficientemente amplio para ayudarnos a interpretar una vasta gama de textos bíblicos. Esto es lo que sucedía en la iglesia antigua, según podemos ver en los sermones de aquellos tiempos que todavía subsisten. Es necesario que haya tal amplitud de significado, tanta claridad respecto a ello, que la importancia de la ocasión no se agote rápidamente y que los sermones no se limiten a repetir lo que ya se sabe acerca del sentido teológico de cada fecha. Los sermones deben ser una interpretación fiel del texto bíblico apoyada en el año eclesiástico, y no un sermón sobre el año eclesiástico apoyado en el texto.

Hay dos modos diferentes de estudiar el año cristiano o litúrgico. Un modo es histórico y el otro doctrinal. Ambos son útiles. Por ejemplo, puede sernos útil saber como surgió la práctica de la Cuaresma, cómo y por qué la iglesia fue creando esta estación. Pero con la historia no basta, sino que tenemos que traducirla a términos que sean útiles para nuestros días, de modo que aquello que hay de útil en esa tradición pueda aplicarse a un marco de interpretación bíblica. En algunos casos el conocimiento del trasfondo histórico nos ayuda, pero en otros no es necesario. Es posible que aquellas congregaciones donde siempre se ha celebrado el año litúrgico en toda su plenitud, el trasfondo histórico baste para justificar la continuación de esa práctica. Pero para aquellos de nosotros que pertenecemos a iglesias en las que el año cristiano había quedado olvidado o reducido a un mínimo, y comienza ahora a redescubrirse, o donde se le ha usado poco, probablemente lo de más valor será el significado doctrinal de cada etapa en ese año.

Ya hemos echado un vistazo a cómo el año litúrgico fue surgiendo a través de la historia. Ahora debemos decir algo más acerca del sentido teológico que tradicionalmente se les ha asignado a los días y estaciones del año.

La estructura del año cristiano

La estructura fundamental del año eclesiástico se basa en dos secciones independientes. La primera gira en torno a la Navidad, que se celebra el día 25 de diciembre, sin importar en qué día de la semana caiga esa fecha. En torno a la Navidad está el Adviento, preparación para ella que comienza cuatro domingos antes de Navidad. A partir del día 25 de diciembre continúa la época misma de Navidad, que continúa hasta el día de Epifanía, el 6 de enero —pero que generalmente se prolonga hasta el primer domingo después del día 6, de modo que toda la iglesia se pueda unir para celebrar la Epifanía cuando esta no cae el domingo. Aunque el comercialismo que nos rodea nos haga pensar que la Navidad termina el día 25, con sus regalos y otras festividades, el hecho es que la época de Navidad en el sentido estricto empieza el día de Navidad y continúa hasta la Epifanía. Es por esto que en algunas canciones y poemas antiguos se habla de los "doce días de Navidad". Y es por esto que en la tradición latina las celebraciones continúan hasta el "Día de Reyes", que es la Epifanía.

Puesto que el Adviento incluye cuatro domingos antes de la Navidad, su duración puede variar. Si la Navidad cae en un día domingo, entonces habrá toda una semana entre el Cuarto Domingo de Adviento y la Navidad. Si la Navidad cae en lunes, habrá menos de un día. Como en todas las festividades principales del año cristiano, la práctica antigua judía en cuanto a contar los días se sostuvo, de modo que la Navidad empieza al ponerse el Sol el día 24, y la Pascua de Resurrección empieza al ponerse el Sol el sábado antes del Domingo de Resurrección. Es por esto que en muchas tradiciones la gran celebración navideña es la noche del 24 —lo que entre el pueblo latino conocemos como Nochebuena.

Entre la Navidad y la Epifanía siempre habrá por lo menos un domingo, y en ocasiones dos, según el día de la semana en que caiga el día de Navidad. Si el día de Navidad es domingo, lunes o martes, habrá solo un domingo durante el resto de la estación de Navidad. Si cae más tarde en la semana, habrá dos.

Inmediatamente después del domingo que sigue a la Epifanía, comienza un período que generalmente se llama "tiempo ordinario", aunque a veces se cuenta en términos de "domingos después de la Epifanía". Esto tiene lugar hasta que empieza la próxima gran sección del año eclesiástico, el ciclo de Pascua de Resurrección. Mientras que la Navidad tiene fecha fija, la Pascua de Resurrección no la tiene, pues siempre cae en domingo y su fecha se determina mediante una serie de factores que incluyen la luna llena y el equinoccio de primavera. Por lo tanto la fecha en que se celebra la Pascua de Resurrección puede variar desde el 22 de marzo hasta el 25 de abril. El ciclo en torno a ella se compone de la Cuaresma, la Semana Santa, la Resurrección, la Ascensión y el Pentecostés. Después del Pentecostés hay una segunda serie de tiempo ordinario que también se llama "domingos después de Pentecostés", y que cubre el tiempo hasta que comience la próxima estación de Adviento. El año siempre empieza con el Adviento, y por lo tanto el año eclesiástico empieza por lo menos un mes antes del año del calendario ordinario.

Elementos doctrinales del año cristiano

Adviento

El Adviento sirve de preparación para la Navidad. Si la congregación verdaderamente le dedica tiempo a prepararse para la Navidad, evitará la inclinación —fomentada por los intereses comerciales— de pasar todo el mes de diciembre preparándose para celebrar la Navidad y luego dejarlo todo a un lado tan pronto como pase el día 25. En lugar de ello, la congregación empezará a celebrar la Navidad ese mismo día —o la noche anterior, comúnmente llamada Nochebuena— y continuará haciéndolo durante los próximos doce días. Esto, que ha sido la costumbre tradicional en muchos de los países y tradiciones de habla hispana, ayudará a la iglesia a distinguir entre su mensaje y lo que le enseña la cultura secular, que empieza a celebrar la Navidad temprano para que las gentes compren y gasten lo más que puedan, de modo que una vez que ese gasto ha sido hecho terminan las celebraciones.

El Adviento tiene varios énfasis distintos. Uno de ellos es la Segunda Venida de Cristo, tema que algunas iglesias subrayan todo el año y otras olvidan por completo. El Primer Domingo de Adviento se dedica tradicionalmente al tema de la Segunda Venida, con lo cual queda claro que, aunque celebramos el nacimiento de Cristo cada año, en realidad nació solo una vez —de igual manera que su Segunda Venida tendrá lugar una sola vez. Su vida terrena tuvo comienzo en nuestra historia, y eso es lo que celebraremos en Navidad. Esa vida también tuvo un fin en nuestra historia: su muerte, Resurrección y ascensión. Pero estos últimos acontecimientos no marcan el final de su obra como Salvador. Tanto el mundo como la iglesia estamos esperando la redención final de todas las cosas. El Primer Domingo de Adviento, en el que subrayamos la esperanza de la Segunda Venida, nos lo recuerda. Sabemos quién es el niño cuyo nacimiento celebraremos pronto. Sabemos lo que su vida traerá: la cruz y la resurrección. El recordatorio de la Segunda Venida que se hace cada año al empezar el Adviento nos muestra que no estamos en la misma situación en que estaba la humanidad antes del nacimiento del Salvador. Cuando celebramos la Navidad recordamos que este niño que nació en Belén es el Señor glorificado quien es ahora Rey de Reyes. Lo que es más, esta celebración nos recuerda que su obra como redentor no terminó al finalizar su ministerio terrenal, ni siquiera con su muerte y resurrección. Ya la victoria ha sido obtenida. El pecado, la muerte y el mal han sido vencidos. Pero aunque la batalla decisiva ya terminó quedan todavía escaramuzas, puesto que no toda la creación se ha rendido a él ni ha reconocido su victoria. La obra de Cristo todavía continúa activa hasta que todos reconozcamos su señorío. Su obra continúa hasta que él vuelva y amanezca la plenitud del Reino. Por lo tanto, la Navidad no es un nuevo comienzo cada año, sino más bien la celebración de un nuevo comienzo radical que tuvo lugar hace dos mil años. La Segunda Venida señala que aunque el Reino de Dios entró en el mundo al levantarse Cristo de entre los muertos, su plenitud todavía no ha venido; es todavía una promesa para el futuro. El carácter histórico de nuestra salvación depende de una esperanza escatológica, de un Reino hacia el cual marchamos porque viene hacia nosotros.

En segundo lugar, durante la estación de Adviento se subraya nuestra necesidad de un Redentor. No hay por qué celebrar el nacimiento de un Salvador si a fin de cuentas no estamos convencidos de que el mundo lo necesite. Parte de lo que hacemos en Adviento es revisitar las promesas hechas a Israel sobre el advenimiento de un Redentor. Esto quiere decir que en la estación de Adviento la iglesia subraya su conexión con Israel, con el pueblo de Dios, cuyas Escrituras también compartimos. Adviento apunta hacia la fidelidad de Dios en su pacto con Israel, y en su promesa al linaje de David.

Adviento establece el vínculo entre la iglesia y las esperanzas de Israel. Para Israel, el Reino que se esperaba era mucho más que una promesa de salvación individual. Era la redención de toda la creación. El pecado y sus consecuencias han hecho mella sobre la tierra y todos sus habitantes. Por ello, algunas de las profecías mesiánicas se refieren al Reino de paz, al tiempo cuando el león pacerá junto al cordero y no se apartarán ni temerán uno al otro. Tal era el plan original de la creación tal como lo vemos en Génesis 1:29-31 y que fue destruido por el pecado humano (véase Génesis 9:1-7). Es importante que veamos cuán profundos son los efectos del pecado, porque con demasiada frecuencia limitamos el pecado a acciones específicas como si todo fuera cuestión de dejar de pecar para ser perfectos. La visión que se nos presenta de un Reino de paz universal nos recuerda claramente que el pecado tiene tal alcance que los humanos no podemos eliminarlo, aun cuando de veras quisiéramos hacerlo. No importa cuán buenos seamos, no importa cuánto evitemos el pecado, no podemos dejar al lobo junto al cordero. El desorden y crueldad que existen en el universo solo pueden ser remediados por el Creador mismo. La promesa es que un día, cuando amanezca el Reino de Dios en toda su plenitud, la violencia en la tierra terminará, y toda la creación estará en paz.

El tercer tema de adviento es el juicio. Este está implícito tanto en la esperanza de la Segunda Venida como en el reconocimiento de la distancia entre nuestra condición presente y el plan de Dios para la creación. La redención misma nos muestra que algo anda mal en nuestra situación actual. Aunque el tema del juicio es parte de Adviento, siempre es un tema templado por el gozo que ya va vislumbrándose porque la estación de Navidad se acerca. El Adviento es importante para la iglesia por cuanto la cultura secular que la rodea busca una salvación sin juicio, y quiere celebrar el nacimiento de un párvulo en el pesebre sin esperar su retorno como el Señor de la historia. Por eso es que el mundo está pronto a terminar la celebración de la Navidad precisamente cuando la iglesia la está comenzando.

También durante la estación de Adviento, Juan el Bautista se vuelve brevemente el centro de la atención, y sirve como puente entre lo que se ha de decir y el Antiguo Testamento. Su propio nacimiento es parte de la narración anterior a la Navidad, como lo es también la Anunciación del ángel a María. Tanto Elisabet como María son parte de una larga tradición de mujeres estériles en el Antiguo Testamento. Estas son mujeres cuyos hijos son vínculos necesarios para la creación y la preservación del pueblo de Dios. Sara, Raquel y Ana no son únicamente receptoras de un milagro, sino que por razón de su anterior esterilidad muestran que el niño que ha de nacer es resultado de la acción inmediata de Dios. Lo mismo sucede en el caso de Elisabet. En el de María, queda todavía más claro que quien va a nacer es resultado de la obra de Dios, puesto que María no es estéril en el sentido más común, sino que es virgen. Su hijo es por lo tanto el punto culminante de la presencia de Dios entre su pueblo: la encarnación, Dios como uno de nosotros.

La Navidad

La Navidad es sobre todo el momento de subrayar el sentido y la importancia de la encarnación: Jesús como completamente divino y completamente humano. ¿Qué significa eso de decir que Jesús es tanto el Hijo de Dios como el hijo de María? Los cristianos no siempre están claros acerca de esto. Algunos parecen pensar que una vez que Jesús se levantó de entre los muertos y ascendió al cielo, de algún modo ha dejado de ser completamente humano y ahora es solo Dios. La estación de Navidad es la época en que debemos asentar bien claramente que una vez que la encarnación comienza nunca termina. Jesús sigue siendo completamente humano, aunque lo es en la misma forma en que lo seremos también nosotros en la vida futura. Pablo trata sobre este tema en 1 Corintios 15:3-28. El día de Navidad probablemente no sea la mejor ocasión para tratar sobre esto, puesto que el tema fundamental es el nacimiento de Jesús. Pero es tema que bien vale la pena tratar el domingo después de la Navidad.

Le tomó siglos a la iglesia para sobreponerse a varios errores que fueron surgiendo sobre la persona de Jesucristo y su relación con Dios el Padre. Los concilios de Nicea y Calcedonia fueron necesarios porque es muy difícil en medio de una cultura no judía entender lo que la iglesia quiere decir al afirmar que Dios se hizo humano, que nació, y que sin embargo no dejó de ser Dios. Es importante aclarar lo que la encarnación es y lo que no es. Si la congregación está confusa en cuanto a este punto, se debilita la afirmación central de la fe cristiana. Esto no quiere decir que en lugar del sermón deba darse una conferencia teológica sobre la importancia de las enseñanzas del Concilio de Calcedonia. Lo que sí quiere decir es que el predicador o predicadora debe tratar sobre este tema en el proceso mismo de interpretar el texto bíblico.

Para muchos cristianos lo que se celebra en la Navidad es el nacimiento de un niño cuya actividad redentora tendrá lugar únicamente más tarde en su vida, en la cruz. Su nacimiento no es más que la preparación de quien más adelante ha de morir. Muchos cuadros medievales de la Navidad presentan al niño en el pesebre con los brazos extendidos y los pies juntos como si ya estuviese clavado en la cruz. Lo que esto indica es que el nacimiento no es más que un preludio, y que en sí mismo no tiene importancia. Esto dista mucho de lo que se pensaba en la iglesia antigua. El nacimiento de quien es a la vez Dios y humano de tal manera nos ha unido con Dios que nunca más podremos ser separados. Quienes están en Cristo están unidos con Dios. Aun cuando no hubiera ningún otro ser humano redimido, ya hay un ser humano junto a Dios: Jesús, quien es a la vez completamente divino y completamente humano. La encarnación misma tiene carácter salvífico. El nombre "Emanuel" quiere decir "Dios con nosotros". En la encarnación, Dios está con nosotros, los seres humanos, de una manera nueva y definitiva. San Ambrosio, el obispo de Milán que bautizó a San Agustín, escribió acerca de las palabras del ladrón arrepentido en la cruz junto a Jesús, a quien el Salvador anunció: "estarás conmigo en el paraíso" (Lucas 23:43).

Ambrosio dice: "No temas que caerás del paraíso como cayó Adán... La carne cayó del paraíso antes de haber sido recibida por Cristo" (*Comentario sobre los Salmos*, XXXIX.19 [en nuestras Biblias, el Salmo 38:19]). En otras palabras, una vez que la carne humana ha sido unida a Dios en el Salvador, la redención es final, es definitiva. No es posible que desaparezca.

La Epifanía

La festividad recibe su nombre de la palabra griega *epifaneia* que quiere decir manifestación o revelación. Tres episodios ricos convergen en esta fecha: la visita de los Magos al pesebre en Belén, las bodas de Caná y el bautismo de Jesús por Juan en el Jordán. Los tres episodios de algún modo reconocen quién es Jesús. En la visita de los Magos Jesús se manifiesta a los gentiles. En el milagro de las bodas de Caná, cuando el agua se convierte en vino, Jesús se manifiesta a sus discípulos. Y en su bautismo, cuando desciende la paloma y declara "Este es mi Hijo amado", se manifiesta a Israel.

Es interesante notar que la iglesia antigua veía una conexión entre los tres episodios. Un antiguo himno que se cantaba el día de Epifanía dice: "Hoy el novio reclama a su esposa, puesto que Cristo ha lavado sus pecados [es decir, los de la iglesia] en las aguas del Jordán. Los Magos se apresuran con sus regalos para la boda del Rey. Y los invitados se regocijan, puesto que Cristo ha tornado el agua en vino. Aleluya".

La Epifanía, es decir, el 6 de enero, se veía como tiempo propicio para los bautismos, especialmente para quienes no lo habían podido recibir en Pascua de Resurrección o Pentecostés. Parecía particularmente apropiado bautizar en ese día en que se recordaba también el bautismo de Jesús. Puesto que tan pronto se bautizaban las personas se les admitía a la comunión, las bodas de Caná y el milagro que en ellas tuvo lugar anunciaban el sacramento de la mesa.

Aunque el Nuevo Testamento no dice una palabra acerca de cuántos eran los Magos ni qué nombres tenían, la tradición posterior respondió a ambas preguntas. Así se llegó a pensar que había tres magos, a los cuales se les daba comúnmente el título de "reyes" y se les llamaba Gaspar, Melchor y Baltazar. El Nuevo Testamento sí señala claramente que eran gentiles. Más tarde se estableció la costumbre tradicional de verles como representantes de toda la humanidad, y por tanto se decía que uno era europeo, otro asiático y el tercero africano. La visita de los Magos anuncia la predicación del evangelio a los gentiles, y muestra que los esfuerzos de Pablo para añadir los gentiles a la iglesia eran cumplimiento de lo que ya se había visto en la Navidad. La Epifanía es por tanto tiempo propicio para hablar de la misión mundial y del carácter global de la iglesia, que incluye a todas las culturas y razas. Por otras razones los mismos énfasis aparecerán también en Pentecostés.

La Cuaresma

El miércoles que comienza la Cuaresma se llama Miércoles de Cenizas. Lo que se subraya en el Miércoles de Cenizas es nuestra mortalidad, así como el hecho de que en Cristo hemos muerto a nuestro viejo ser y por lo tanto deberíamos vivir en novedad de vida. Toda la Cuaresma se veía como período de ayuno en preparación para la celebración pascual del Día de Resurrección. Puesto que siempre se pensó que los domingos no se debía ayunar, ya que eran el día de victoria y gozo en que se celebraba la Resurrección del Señor, los cuarenta días de Cuaresma no incluyen los domingos.

Cuando, tras la conversión de la mayoría de la población, prácticamente todos se bautizaban poco después de nacer, el catecumenado dejó de existir. Lo que antes había sido el impresionante servicio de Vísperas de Resurrección vino a ser ahora un servicio en el que toda la congregación renovaba los votos hechos en su bautismo. Poco a poco, hasta eso quedó también olvidado, y no fue redescubierto sino en el movimiento de renovación litúrgica de fecha relativamente reciente. Este servicio es una admirable culminación de la preparación que se ha venido haciendo durante la Cuaresma, y ayuda a toda la congregación a reafirmar su identidad como miembros bautizados del cuerpo de Cristo, y como quienes tienen ya un anticipo de lo que será la vida resucitada al celebrar ahora la Resurrección del Señor. Aun si la congregación no se reúne en vísperas de la Pascua de Resurrección, es posible incluir el recuerdo de nuestros propios bautismos y la renovación de sus votos en el servicio de Resurrección.

El Miércoles de Cenizas se llama así por razón de las cenizas que tradicionalmente se usaban para marcar las frentes de los creyentes con la señal de la cruz. Las cenizas se hacían quemando las palmas que habían sido empleadas en el domingo de ramos del año anterior. Al aplicarle la señal de la cruz a la frente del creyente se le decía: "Recuerda que eres polvo, y que al polvo volverás". Los temas característicos de la Cuaresma son la muerte y el bautismo —el bautismo como morir en Cristo, como tomar el camino de la cruz, como precursor y anuncio del día en que nos levantaremos de nuevo con él en el Reino. En la iglesia antigua, esta era la época de la preparación final para quienes se iban a bautizar en Pascua de Resurrección, y toda la congregación se unía a ellos en su preparación de modo que su propia visión de quiénes eran como cristianos bautizados cobraba significado más profundo según se iban preparando para la Pascua de Resurrección.

La Cuaresma es por tanto la época del año en que se estudia el camino de Jesucristo hacia Jerusalén. En ese viaje Jesús va señalando el camino del discipulado, que lleva por fin a su muerte. Es una época en que debemos preguntarnos: ¿Cuán fieles hemos sido? ¿Cómo se ven nuestros valores y el modo en que vivimos a la luz de la cruz? Es época de penitencia y de rededicación. Es un período en que debemos recordar que hemos de morir y que por tanto hemos de ver la vida dentro del contexto de la muerte. Si hay personas que están pensando unirse a la iglesia, y especialmente personas que todavía no han sido bautizadas, la Cuaresma puede ser un útil tiempo de preparación. Si los bautismos se celebran en la congregación una o dos veces al año, en grupos, su importancia se enaltece. Si no se hace esto, se corre el riesgo de que el bautismo se vuelva solo parte del servicio, como un breve paréntesis que no se relaciona con el resto.

Semana Santa

El último domingo de cuaresma, el Domingo de Ramos, incluye la narración de la entrada de Jesús a Jerusalén. Su camino hacia la cruz va llegando a su culminación, y lo que se haga en ese domingo en particular depende en mucho de las tradiciones de cada congregación. Si lo normal es tener otros servicios durante Semana Santa, particularmente el jueves y viernes, entonces el Domingo de Ramos puede ocuparse solamente de la entrada a Jerusalén. Pero si, como sucede hoy en algunas iglesias, la congregación no volverá a reunirse hasta el Domingo de Resurrección será necesario que en el Domingo de Ramos se hable también de la cruz. De no hacerlo así, pasaremos directamente de la Entrada Triunfal a la Resurrección, sin hablar mucho sobre la cruz. Algunas congregaciones se reúnen el Jueves Santo para recordar el lavacro de los pies de que Jesús hizo objeto a sus discípulos, o para celebrar la Santa Cena, o con ambos propósitos. Tradicionalmente los servicios de Viernes Santo giran en torno a "las siete palabras", es decir, lo que Jesús dijo desde la cruz según los cuatro evangelios. Por todo esto, el modo en que se celebran los diversos elementos de la Semana Santa no es igual en todas las congregaciones. Pero es absolutamente crucial que se recuerde el hecho y la importancia de la Crucifixión, y que la congregación no pase del Domingo de Ramos al de Resurrección sin tener que enfrentarse al mensaje de la cruz.

El Viernes Santo mismo es central. Ese día recordamos la muerte de Jesús. Pero, ¿exactamente qué significa esto para nosotros? La doctrina de la expiación nos dice que la muerte de Cristo se aplica a nosotros. Pero la expiación es una realidad tan amplia y profunda que no se puede resumir en una frase

201

sencilla. En el Nuevo Testamento se encuentran varias versiones del modo en que Cristo nos salva. Estas dimensiones no se oponen entre sí, sino que se complementan y enriquecen mutuamente. En la historia de la iglesia a través de la Edad Media esto llevó a enfatizar tres elementos diferentes de la expiación. Cada uno de ellos ha predominado en distintos tiempos y lugares durante la historia de la iglesia. Pero ninguno de ellos expresa todo lo que Jesucristo ha hecho por nosotros, y todos ellos se basan en el Nuevo Testamento.

La interpretación de la obra de Cristo que fue más frecuente en la iglesia antigua es la que se ha llamado *Christus Victor*. Se encuentra en varios pasajes del Nuevo Testamento, y de manera más explícita en los escritos de varios teólogos del siglo II. Si nos preguntamos, ¿Qué es lo que hace la muerte de Cristo por nosotros? La respuesta puede ser que en su muerte Cristo se enfrentó a todos los poderes del mal, encabezados por Satanás, luchó con ellos, y venció. Es entonces el vencedor (en latín, *victor*). Al morir Jesús, parecía haber perdido la batalla. Fue entonces al lugar de los muertos, donde predicó a quienes habían muerto antes. Pero entonces echó abajo las puertas mismas del infierno cuando al tercer día se levantó de entre los muertos y abrió el camino para que sus seguidores llegaran al cielo. Hasta entonces, ningún ser humano había estado en el cielo. Todos, incluso los más justos patriarcas de Israel, estaban aguardando al Mesías. La victoria de Jesús sobre el mal incluye entonces la victoria sobre la muerte y el pecado. La importancia de la Crucifixión radica en que es la última batalla contra los poderes del mal. La importancia de la Resurrección radica en que es señal de la victoria sobre el mal. Se trata de una victoria que al presente solo se conoce mediante la fe pero que en un futuro, cuando Cristo retorne, será vista por todos. Tales opiniones se basan fundamentalmente en las epístolas de Pablo y en el Apocalipsis, textos ambos que se entienden mucho mejor cuando la obra de Cristo se ve de esta manera.

Otra manera de ver esa obra la encontramos también en el siglo II, especialmente en los autores que en el Norte de África escribieron en latín, y es lo que se ha llamado la interpretación de la expiación como "sustitucionaria" o como "satisfacción". Esta fue la visión que se volvió predominante en toda la iglesia occidental durante la Edad Media, en parte debido a que era la que mejor se adaptaba tanto a la cultura romana como a la

germánica. Si nos preguntamos ¿qué es lo que hace Jesús por nosotros al morir? La respuesta es que murió en nuestro lugar, pa-
gándole a Dios la deuda que la humanidad había contraído por
su pecado. Lo que importa entonces es que Jesús no tuvo pecado
por sí mismo, y que por lo tanto no tenía que morir. El hecho de
que no era solamente humano sino también divino quiere decir
que su muerte podría servir de pago para un número infinito de
pecadores. Esta doctrina fue expresada en su forma tradicional
en el siglo XI en un escrito de Anselmo de Canterbury —¿*Por
qué Dios se hizo humano?* Tanto para los católicos romanos como
para los protestantes, desde la Edad Media hasta el siglo XX, este
modo de ver la obra de Cristo predominó. Hubo desacuerdo en
cuanto a cómo es que se le aplican al creyente los beneficios del
pago que Jesucristo ha hecho, pero todos concordaban en que lo
que Jesucristo había hecho era pagar por los pecados. En Pablo
se encuentra también apoyo para este entendimiento, pero aun
más en Hebreos.

La tercera manera de entender la obra salvadora de Jesucristo
se conoce frecuentemente como la teoría "subjetiva" o de la "influencia moral". Esta alternativa nunca ha sido tan popular ni
tan influyente como las otras dos, aunque sí tuvo cierto impacto
en las iglesias liberales a fines del siglo XIX y durante el XX.
Según este entendimiento la muerte de Cristo nos muestra cuánto Dios nos ama, y hasta qué punto ha de llegar para mostrarnos
ese amor —hasta el punto de la muerte en la cruz. El mensaje
de la cruz es sencillamente que Dios nos ama y siempre nos ha
amado. Lo que nos hace huir de Dios es nuestro pecado, pues te-
memos la ira de Dios. Pero en eso nos equivocamos. Cuando de
veras entendemos cuánto Dios nos ama, podemos dejar nuestro
pecado y volvernos hacia Dios, para empezar a llevar la clase de
vida que Dios desea que llevemos, y hacerlo en gratitud por el
amor de Dios hacia nosotros. La cruz es muestra sobrecogedora
a inspiradora del amor de Dios hacia la humanidad, y por tanto su propósito principal es invitarnos a un amor semejante. En
cierta medida esto se encuentra en el Evangelio de Juan, pero
nunca de tal modo que se piense que la obra de Cristo no tiene una realidad objetiva —es decir que se llegue a pensar que
nada cambió objetivamente debido a la muerte y resurrección
de Cristo. Puesto que esta teoría no toma en cuenta el poder del
pecado ni la necesidad de redención, no ha sido generalmente

aceptada. Pero el énfasis en la cruz de Cristo como ejemplo sí puede tener valor siempre que se complemente con los otros modos de entender el significado de esa cruz.

Es obvio que el modo en que entendamos la expiación se relaciona con el modo en que entendemos la comunión. Si pensamos que la obra de Cristo fue sencillamente pagar por nuestros pecados, entonces el énfasis cae sobre la cruz y la muerte de Cristo. Lo mismo sucede si pensamos que lo importante es la influencia moral que Cristo tiene sobre nosotros. En ambos casos, el servicio de comunión toma características fúnebres. Por otra parte, si pensamos que la obra de Cristo consiste principalmente en vencer los poderes del mal, entonces la comunión tiene un carácter de gozo y triunfo, pues lo que se subraya es la presencia del Señor resucitado en medio de su pueblo, y su victoria final en el Reino.

El Domingo de Resurrección

El Día de Resurrección es la fecha más importante en todo el calendario cristiano, como ya hemos visto. (Y es también la celebración más antigua, pues en la iglesia antigua cada domingo era un día de resurrección.) Es el día en que el significado de la cruz se manifiesta a los discípulos. Si el evangelio hubiera terminado el Viernes Santo, tal parecería que los seguidores de Jesús, y el mismo Jesús, habían sido derrotados, y que su misión, aunque noble, no tenía futuro. Podemos ver esto en lo que se nos dice acerca de los discípulos que van camino a Emaús (Lucas 24:14-31). Es como si lo único que les quedaba fuera el volver a su vida anterior. Nada ha cambiado, excepto la experiencia de haber seguido a alguien que pareció ser el Mesías. Todo eso cambió con la Resurrección y cuando los discípulos se encontraron con el Señor resucitado. En la iglesia antigua también se celebraba esto de conocer el Señor resucitado al partir el pan cada domingo en la mesa de la comunión.

En el Domingo de Resurrección pensamos en la tumba vacía. Esto es importante, pero por sí solo nunca hubiera cambiado la perspectiva de los discípulos. Ciertamente era posible que los enemigos de Jesús se hubieran llevado su cuerpo. Eso fue lo primero que las mujeres pensaron. Lo que hace que los discípulos sepan que todo ha cambiado no es la ausencia del cuerpo, sino la presencia, las apariciones del Cristo resucitado entre sus discípulos. Lo importante no es una ausencia, sino una presencia. Esto fue lo que cambió sus vidas. Ya ahora no podían volver a lo que habían hecho antes. Tenían un evangelio que proclamar. Ciertamente, tenían que esperar a recibir la dádiva del Espíritu. En el Evangelio de Juan esa dádiva viene en la noche misma de la Resurrección, cuando Jesús se presenta en medio de sus discípulos, que están temerosos y escondidos tras las puertas cerradas (Juan 10:19-23). En Hechos, no es sino cincuenta días más tarde que se recibe el don del Espíritu (Hechos 2). No importa cuándo haya sucedido; lo importante es que por el poder del Espíritu el Cristo resucitado cambió las vidas de los discípulos para siempre.

Con demasiada frecuencia la iglesia limita el sentido de la resurrección de Jesús a la confirmación de que realidad hay vida después de la muerte. Pero ya eso lo creían los fariseos. Creían que habría una resurrección de los muertos en el día final. Es esto lo que Pablo utiliza para crear disensión entre los fariseos y los saduceos según se cuenta en Hechos 23:6-10. Los fariseos esperaban un Mesías que traería el Reino de Dios, en cuyo tiempo los muertos resucitarían. ¿Qué significaría para ellos el mensaje de la Resurrección de Jesús? El Reino no vino con la resurrección de Jesús —al menos, no de manera visible y aparente a todos. No hubo una resurrección general de todos los muertos. La historia no terminó. Pero para quienes creyeron —entre los cuales muchos y quizá hasta la mayoría eran cristianos que antes habían pertenecido al partido de los fariseos— la resurrección de Jesús significaba no solo que Jesús es efectivamente el Mesías, sino también que el Reino de Dios ya ha amanecido, aunque sea solo de manera oculta al resto de la humanidad. La nueva creación ha irrumpido en la vieja, y esta última no ha terminado, como muchos esperaban.

El que hubiera vida después de la muerte no era cosa nueva para los fariseos. Tampoco lo era, aunque con un contenido distinto, para los griegos. Buena parte de los pensadores griegos sostenían que había un componente del ser humano que era inmortal, o que ese componente era en realidad una porción de la divinidad. Cuando morimos, decían ellos, esa parte inmortal regresa a su fuente. El cuerpo no es inmortal, y por lo tanto se corrompe y desaparece. El cuerpo es una prisión o sepulcro provisional donde están aprisionadas las chispas de inmortalidad que poseemos. La idea de que el alma es inmortal se introdujo en la teología cristiana cuando la mayoría de los nuevos miembros venían de un trasfondo griego más bien que judío. Pero la inmortalidad del alma no es lo mismo que la resurrección final. Dentro del contexto bíblico, el ser humano es completamente mortal. No hay en nosotros nada que pueda continuar viviendo sin una acción redentora de Dios. Tanto el cuerpo como el alma, como quiera que esta se entienda, así como nuestras mentes y todo nuestro ser, son creación de Dios. No hay nada en nosotros que sea menos mortal que el resto. Lo que la fe cristiana espera es la resurrección del ser humano completo. Naturalmente, esto no será exactamente como el cuerpo presente, pero ciertamente la resurrección promete vida a todo el ser humano. En todo caso, resulta claro que el hecho de que hay vida después de la muerte no es lo más importante del mensaje de la resurrección de Jesús. El mensaje es más bien que todo lo que nos impide cumplir con los propósitos de Dios para la creación entera ha sido vencido por Jesucristo en su muerte y resurrección. Podemos ahora vivir con la mira puesta en el futuro glorioso, que es un futuro de amor y justicia, de paz y salud para toda la creación.

La Ascensión

Desafortunadamente, el día de Ascensión siempre cae jueves. Esto es así porque según el Evangelio de Lucas la Ascensión tuvo lugar cuarenta días después de la Resurrección. Cuarenta días después del domingo siempre resulta ser jueves. Cuando al principio todas estas celebraciones fueron surgiendo en la iglesia, todos los días eran día de trabajo, incluso el domingo. Por lo tanto, no era más fácil tener un servicio el domingo que el jueves. Siempre era necesario reunirse bien temprano en la madrugada o tarde en la noche, antes o después de un día completo de trabajo. No fue sino en tiempos de Constantino que el gobierno decretó que el primer día de la semana, que se dedicaba a honrar al Sol, sería día de descanso. A partir de entonces se le hizo más fácil a la iglesia celebrar sus reuniones en domingo, que era también el día de resurrección.

La ascensión es parte integrante e importante del evangelio. Cuando una iglesia la celebra, frecuentemente lo hace el domingo después del Jueves de Ascensión, que se llama entonces Domingo de Ascensión. La Ascensión celebra la gloria y poder del Señor resucitado, su señorío presente. Según Juan Calvino, uno de los fundadores de la tradición reformada dentro del pro- testantismo, la ascensión celebra la encarnación continuada de quien se sienta ahora a la diestra de Dios. Este sigue siendo Jesús de Nazaret, todavía humano y también divino. Ahora su huma- nidad ha sido glorificada, pero no por eso ha dejado él de ser uno de nosotros. Cuando pensamos en estos términos se nos hace mucho más fácil entender los libros de Hebreos y Apocalipsis.

Pentecostés

La última festividad del ciclo de resurrección es Pentecostés, cuando se celebra la dádiva del Espíritu a los discípulos cincuen- ta días después de la Resurrección, según se cuenta en Hechos 2. La dádiva del Espíritu capacitó a los primeros seguidores de Jesús para ser portadores del evangelio con poder, de modo que les fue posible a quienes nunca habían visto a Jesús encontrar- se con él a través de las palabras de sus mensajeros. Por ello se dice que el Pentecostés marca el nacimiento de la iglesia. Puesto que en el primer Pentecostés las palabras de Pedro podían ser entendidas en una gran variedad de idiomas que aquel pobre pescador galileo no podía hablar ni entender, el Pentecostés tam- bién señala que no es posible limitar el evangelio y la iglesia a una sola lengua o cultura. El evangelio puede ser predicado y ha de ser predicado en todas las lenguas. La Biblia puede traducir- se a todas ellas. Siguen siendo el mismo evangelio y la misma Biblia. La iglesia es multicultural por su propia naturaleza, pre- cisamente porque es el Espíritu Santo quien abre el camino para que podamos entendernos a través de las fronteras de idioma y de cultura.

El Pentecostés celebra el poder. No el poder humano, sino el poder de Dios que se les da a los humanos para que puedan proclamar el evangelio. El propósito de los dones del Espíritu no es darle importancia a algún individuo o líder, sino servir a toda la comunidad para edificar la iglesia de modo que pueda llegar a ser lo que Dios se propone, y que pueda dar testimo- nio de la sorprendente obra de Dios en Jesucristo. En el Nuevo Testamento el Espíritu a veces actúa de maneras extrañas y sor- prendentes, pero su presencia siempre resulta en el amor y el servicio mutuos. Los dones se distribuyen según Dios lo desea, y nadie los posee todos. Según Pablo los principales dones del

Espíritu son la fe, la esperanza y el amor, y de estos tres el amor es el mayor (1 Corintios 13).

Otras fechas

Hay otras fechas que también se pueden celebrar con cierta utilidad. Frecuentemente se le llama al primer domingo después de Pentecostés el "Domingo de la Trinidad". Puesto que durante el ciclo de resurrección se ha estado subrayando la obra del Hijo de Dios, y luego en el Pentecostés la del Espíritu, durante la Edad Media se apartó este domingo después de Pentecostés para tratar acerca de la Trinidad, doctrina que frecuentemente resulta confusa para los cristianos. Aunque el término "Trinidad" no aparece en el Nuevo Testamento, la fórmula bautismal de "Padre, Hijo y Espíritu Santo" sí aparece (Mateo 28:18), y hay varios otros pasajes que también apuntan hacia esta doctrina. Por lo tanto, este domingo puede proveer una ocasión propicia para discurrir cómo es que la doctrina de la Trinidad nos ayuda a entender quién es Dios, quiénes somos y cómo hemos de vivir.

El último domingo antes de comenzar la estación de Adviento también se conoce a veces como el Domingo de Cristo Rey. Sirve de puente entre el tiempo ordinario y el principio de Adviento, puesto que introduce el tema escatológico que será característico de Adviento, particularmente de sus primeros días. Durante el período medieval, se usaba siempre el mismo texto este domingo particular: Mateo 25:31-46. Allí se habla de la venida de Cristo como rey y juez, separando los cabritos de las ovejas. Esto lleva directamente a lo que se ha discutido ya sobre el Adviento y la Segunda Venida de Cristo.

Tradicionalmente se le llama al día primero de noviembre día de Todos los Santos. Esta asignación tiene gran utilidad de diversas maneras. En primer lugar, si en este día recordamos a quienes murieron en el Señor, se nos hace más fácil dedicar el Domingo de Resurrección a su tema principal, y no a hablar sobre quienes han muerto recientemente, como se hace en muchas iglesias. La congregación necesita una ocasión para recordar a sus difuntos, pero esa ocasión no es el Domingo de Resurrección. En segundo lugar, los evangélicos tenemos dificultades con la costumbre tradicional de la iglesia católica romana de celebrar la vida de los diversos santos a través de todo el año, varios cada día. No creemos que haya modo de determinar clara y particularmente quién fue santo, y sabemos además que en realidad todos los creyentes han sido llamados a ser santos. Lo que es más, la proliferación de días de santos fue una de las razones por las cuales el verdadero sentido del año cristiano quedó eclipsado. Lo que en realidad era importante y central en ese año quedó oculto bajo docenas y centenares de celebraciones menores. El día primero de noviembre es entonces una buena ocasión para recordar a quienes han muerto en el Señor. No es tiempo de pensar particularmente sobre nuestra propia mortalidad, lo cual corresponde más bien a la Cuaresma.

En resumen, si una congregación usa lo esencial del año cristiano, al menos una vez al año se le recordará de cada uno de lo elementos principales del evangelio: el Dios que había hecho pacto con Israel se introdujo en nuestra historia como Jesús de Nazaret, su verdadera encarnación, su muerte en la cruz, su resurrección, la venida del Espíritu, y el Reino venidero.

Los leccionarios

Los leccionarios se relacionan estrechamente con el año cristiano. Un leccionario es una lista de lecturas de la Biblia que han de hacerse cada domingo durante el año. Normalmente incluye para cada domingo una lectura del Antiguo Testamento, un salmo, una lectura de alguna epístola, y finalmente otra de un evangelio. Las lecturas han sido seleccionadas basándose en las distintas fechas y celebraciones del año cristiano. Tanto en la iglesia antigua como en la medieval había leccionarios anuales. Varios de los reformadores continuaron usando un leccionario, que habían modificado para el uso de las iglesias protestantes. Esto es cierto tanto de las iglesias anglicanas como de las luteranas. Otros protestantes preferían leer libros enteros de la Biblia y predicar sobre ellos en orden, sin seleccionar pasajes. Naturalmente, aquellas iglesias que decidieron no usar el año cristiano también preferían un sistema que no estableciera lecturas específicas para días tales como Navidad y Pentecostés.

Existe actualmente un leccionario conjunto, producido por varias iglesias, que se basa en un ciclo de tres años, y que incluye las principales fechas del año eclesiástico. Este leccionario lo usan tanto los católicos romanos como muchos protestantes, y puede encontrarse fácilmente en el internet. Los luteranos y episcopales tienen obligación de emplearlo. Pero hay muchas otras iglesias protestantes cuyos predicadores gustan de usarlo aunque no están obligados a ello, y cuando les parece necesario se apartan de él.

No cabe duda de que el uso de un leccionario presenta serias desventajas. Aunque por lo general se le dedica todo el año a la lectura de un solo evangelio, y por lo tanto se lee buena parte del mismo, hay grandes porciones del texto bíblico que no se incluyen en el leccionario. En tal caso, quien predica bien puede decidir utilizar alguno de esos pasajes que de otro modo parecen quedar olvidados. Lo que es más, hay buenas razones para planear series de sermones sobre un mismo libro de la Biblia, y esto no resulta fácil cuando se usa el leccionario. Además, el leccionario ofrece varias lecturas bíblicas, y muchos predicadores prefieren utilizar solo una, prácticamente desentendiéndose de las demás aunque se lean también en el servicio. Aunque esas lecturas generalmente han sido escogidas porque tienen un mismo tema, y para mostrar la relación entre el Antiguo y el Nuevo Testamento, entre el evangelio y las epístolas, y entre la alabanza de los salmos y el mensaje todo del servicio, a veces esa conexión no resulta obvia, y se hace casi necesario predicar sobre uno solo de los pasajes leídos.

Por otra parte, el uso de un leccionario también presenta grandes ventajas. Muchos predicadores y predicadoras acostumbran predicar únicamente sobre aquellos pasajes de la Biblia que ya conocen muy bien de antemano, y que no les obligan a luchar con ellos hasta encontrar palabra de Dios. Además, algunos pastores tienen la mala costumbre de decidir primero sobre el tema a que han de dedicar el sermón y luego buscar alguna lectura bíblica que trate o parezca tratar sobre ese tema. El resultado frecuente es que tales predicadores en realidad no basan su predicación en el texto bíblico. Hay también quien tiene algunos tópicos favoritos y prefiere tratar siempre sobre ellos, olvidándose de buena parte de lo que la Biblia nos dice. El leccionario puede ayudarnos a asumir una disciplina de predicación, presentándonos textos con los cuales tenemos que luchar o haciéndonos ver pasajes que no nos resultan del todo cómodos ni a nosotros ni a la congregación. Si una congregación se acostumbra a que se predique sobre el leccionario, el predicador o predicadora puede comenzar el sermón diciendo que el texto sobre el cual va a predicar le causa dificultades, y que en realidad preferiría predicar sobre otro pasaje más cómodo, pero que esto es lo que la Biblia nos dice y tenemos que ver cómo vamos a tratar con ello. Esto da muestras claras de que el predicador o predicadora no gobierna el texto, como sucede frecuentemente, sino todo lo contrario.

También es útil que la congregación sepa que los mismos pasajes que se están escuchando en el culto son los que ese mismo día se están empleando en iglesias alrededor del mundo. Esto nos recuerda que somos mucho más que una congregación aislada; que somos parte de la iglesia universal . Hay también materiales —tanto impresos como en el internet— que nos pueden ayudar a seleccionar himnos así como oraciones y otros elementos para el culto relacionados con los pasajes del leccionario para ese día. En comunidades y pueblos donde varias iglesias de diversas denominaciones usan el leccionario se han creado grupos de estudio en los que los pastores se reúnen para estudiar los pasajes y discutir cómo han de predicarlos. Esto no quiere decir que todos prediquen el mismo sermón, pero sí que el estudio bíblico fundamental para la predicación se hace en conjunto, y de ese modo nos ayuda a ver cómo el texto se enriquece con diversas perspectivas. Tal práctica también puede ayudar a los predicadores y predicadoras a ver problemas en la comunidad circundante que el pasaje bíblico ilumina.

Las lecturas de los evangelios durante lo que normalmente se llama "tiempo ordinario" incluyen principalmente las enseñanzas de Jesús, y se leen junto a otros pasajes que aclaran la naturaleza de la vida cristiana, tanto para el creyente individual como para la iglesia. Durante ese período lo que se enfatiza es qué significa ser pueblo de Dios, tanto en la vida interna de la iglesia como en la misión en el mundo.

Aquellos pastores que no tienen obligación de usar el leccionario pueden sin embargo tomarlo en cuenta para encontrar en él pasajes que les ayuden a predicar sobre diversas fechas y celebraciones en el año cristiano. El pastor o pastora puede decidir usar el leccionario en el tiempo que va de Adviento a Epifanía, y durante los meses subsiguientes predicar sobre una diversidad de textos o sobre algún libro específico de la Biblia. De igual modo se puede usar el leccionario para el ciclo que va de Cuaresma a Pentecostés. También después de Pentecostés hay varios meses durante los cuales se podría predicar sobre otros temas.

Para quienes nunca han usado un leccionario, es bueno comenzar lentamente, estudiando primero las cuatro lecturas bíblicas para cada domingo (el Antiguo Testamento, el salmo, el evangelio y la epístola) y tratando de ver cómo se relacionan entre sí. A veces es difícil ver tal relación, y en tal caso es posible centrar la atención sobre uno o dos de los pasajes y desentenderse del resto. Algunas de las lecturas, o uno o dos versículos de ellas, pueden servir para un llamamiento a la adoración, o para otra parte del servicio. Al principio puede parecernos extraño, si no estamos acostumbrados a ello, predicar sobre un texto que se nos indica y no sobre uno que hemos escogido, como es nuestra costumbre. Pero el reto que esto nos presenta puede ser una importante experiencia de aprendizaje, pues nos obliga a reconocer que no somos nosotros quienes hemos de controlar la Biblia, sino al contrario, que el texto bíblico es el que nos ha de gobernar no solo a nosotros sino también a nuestra predicación.

Sin embargo, no es bueno sujetarse al leccionario siguiéndolo inflexiblemente. Si nos es imposible descubrir cómo las lecturas para algún día particular se relacionan con la congregación, o cómo hemos de predicarlo con autenticidad y poder, es mejor no utilizarlo. Pero el texto mismo que no utilizamos sigue siendo Palabra de Dios y el predicador tendrá que preguntarse por qué es que no ha cobrado vida para él o ella. Por otra parte si el pastor al estudiar las Escrituras descubre un pasaje que le parece tener importancia particular para su congregación, no hay que vacilar en dejar a un lado el leccionario y utilizar ese pasaje como base para la predicación. El año cristiano y el leccionario han de ser instrumentos útiles para la educación y el desarrollo de la comunidad de fe. No son fines en sí mismos. Pero sí representan la experiencia de la iglesia toda a través de dos mil años, y por lo tanto merecen que al menos les prestemos atención.

6. La tarea de quien predica

$\mathcal{H}$oy en muchas iglesias la fecha y ocasión de los bautismos se determinan en parte según la conveniencia de la persona a ser bautizada o de su familia. Por eso resulta común celebrar bautismos en cualquier domingo. En tales casos, en un momento al parecer apropiado durante el servicio de adoración se abre una especie de paréntesis, se celebra el bautismo, y luego se cierra el paréntesis y se continúa con lo que se estaba haciendo antes. Especialmente si se trata del bautismo de un párvulo, ese tono parentético del bautismo se acentúa porque la familia del niño sale con él de la iglesia tan pronto como se le bautiza. Algunos pastores tratan de evitar esto celebrando varios bautismos al mismo tiempo, de modo que el culto todo viene a ser un servicio bautismal. Con ello, aun sin saberlo, están regresando a las prácticas de la iglesia antigua.

Si el bautismo es una especie de paréntesis, frecuentemente la comunión viene a ser como una posdata. La primera parte del servicio es igual que cualquier otro domingo, sin referencia alguna a la comunión, y al final se añade la comunión, casi como una idea de última hora. En ambos casos se pierde la conexión entre el resto del culto y el bautismo o la comunión.

Imagine una vez más, como lo hizo en el capítulo 1, que estamos de vuelta al siglo II. Usted está en medio de una reunión de unos treinta cristianos, y está pensando unirse a la iglesia. La reunión misma estaría teniendo lugar o bien antes o bien después de las horas de trabajo, pues no fue sino en el siglo IV, con el apoyo de Constantino, que el domingo vino a ser día de asueto. Entre quienes están con usted en el servicio hay diferentes

213

categorías de personas. La mayoría serían personas bautizadas, y por tanto miembros de la iglesia. Otros serían catecúmenos en el proceso de preparación para el bautismo. Por último, estarían quienes, como usted, se interesaban en el cristianismo, pero no se habían registrado oficialmente como catecúmenos. Después del servicio de la Palabra, y antes del servicio de la Mesa, se despediría a los dos últimos grupos.

Puesto que no había relojes, la gente iba llegando poco a poco, ya fuera de madrugada o al anochecer. Y, puesto que los creyentes no tenían Biblias personales —y pocos sabrían leer— alguien leía la Biblia en voz alta según se iban congregando los creyentes. Esas lecturas continuaban hasta que al parecer todos habían llegado. Entonces había oraciones, salmos, himnos y un sermón.

Ya que después del sermón usted tendría que salir, a primera vista pudiera parecer que entonces, como hoy, había poca relación entre las lecturas, cánticos y oraciones, por una parte, y la comunión o el bautismo por otra. Pero, como veremos, tal no era el caso.

Naturalmente, el sermón era y sigue siendo parte importante en el servicio de la Palabra. Son pocos los sermones de los siglos II y III que han llegado hasta nuestros días. En el apéndice a este libro de incluye parte de uno de ellos, predicado por Melitón de Sardes a mediados del siglo II. Sí tenemos muchos de los siglos IV y V —dos de ellos, por Agustín, citados más arriba, en el capítulo sobre el bautismo. El apéndice incluye otro por León el Grande. Además tenemos muchos de Juan Crisóstomo, Basilio el Grande y Ambrosio, también del siglo IV. Originalmente no eran sermones escritos, sino que al parecer alguien tomó notas taquigráficas que después fueron escritas más formalmente.

Estos sermones tienen varias características. Los sermones se basaban en un pasaje específico que se había leído. Ese pasaje se explicaba —es decir, se aclaraban sus palabras. En muchos casos los sermones relacionaban ese pasaje con el resto de la historia de Israel o del evangelio. Lo que es más, los predicadores daban la impresión de pasearse por la Biblia. Esto se debía a que la mayoría de la audiencia era gentil, y antes de venir a la iglesia no habían sabido nada de la historia de Israel. Por eso también podemos imaginar que durante el catecumenado había mucha instrucción tanto acerca del Antiguo Testamento como del Nuevo.

Esto quiere decir que, aunque hoy tenemos muchos más recursos, entre aquellos cristianos que ni siquiera tenían copias de la Biblia había más conocimiento de las Escrituras que entre muchos creyentes hoy. Para recobrar la predicación poderosa de la iglesia antigua es preciso que la congregación conozca la Biblia —y en cuanto a esto tenemos mucho que aprender de la iglesia antigua. Agustín le escribió a Jerónimo quejándose de su nueva traducción al latín (la Vulgata). Según Agustín, cuando un obispo en una iglesia cercana leyó el libro de Jonás antes de Navidad, como era costumbre, y usó la traducción de Jerónimo, la congregación protestó gritando el texto de la traducción antigua que se sabían de memoria. Ante el peligro de ser depuesto, el obispo volvió a la vieja traducción. La buena predicación requiere que la congregación conozca toda la historia bíblica, aun cuando ello nos obligue a usar diversas traducciones.

En segundo lugar, las sermones reflejaban un contexto específico. Las porciones de sermones de Agustín citadas anteriormente muestran que eran sermones dirigidos a los recién bautizados, y no a toda la congregación. Algunos de los sermones de Juan Crisóstomo parecen ser diarios en los que se cuenta lo que ha sucedido en la ciudad y los conflictos entre el emperador y Crisóstomo, quien trata de aplacar la furia imperial contra el pueblo. En una carta a su hermana, Ambrosio, obispo de Milán en el siglo IV, le cuenta de una ocasión en que la emperatriz envió soldados no creyentes con órdenes de interrumpir el servicio y tomar posesión de la iglesia. La congregación había cantado antifonalmente el Salmo 79, que era el señalado para ese día, que se refiere a la destrucción de Jerusalén por los babilonios, y comienza diciendo: "¡Vinieron, Señor, las naciones a tu heredad! ¡Han profanado tu santo templo!" Ambrosio lo relacionó con los soldados que invadían la iglesia. Les invitó a dejar de ser invasores y venir a ser parte de la iglesia —es decir, a dejar de ser gentiles profanadores. El éxito fue indudable. Los soldados lloraban de rodillas, no tomaron posesión del templo, y provocaron la ira de la emperatriz. ¡Eso es predicación con poder!

Ese sermón de Ambrosio bien puede llamarse de evangelización, y tuvo grandes resultados. Pero el tercer punto que ha de notarse es que en la iglesia antigua eran pocos los sermones de evangelización. La evangelización tenía lugar fuera de la iglesia. Sí tenemos sermones de Pablo en las sinagogas, y uno en el foro público en Atenas. Pero cuando la congregación se reunía para el servicio de la Palabra la predicación iba dirigida a creyentes. Se empleaba el pasaje bíblico para mostrar lo que el bautismo implica —lo que quiere decir ser iglesia, ser cuerpo de Cristo. La función del sermón es nutrir y desarrollar la identidad cristiana, no solo de los individuos sino sobre todo de la congregación como un todo. Muchas de las cartas de Pablo son como sermones predicados desde lejos, pues se leían en el servicio a manera de sermón. Lea Gálatas y Filipenses pensando que se trata de sermones dirigidos a una congregación más bien que a creyentes individuales.

En griego, como en español, se distingue entre la segunda persona singular ("tú" o "usted") y la plural ("vosotros" o "ustedes"). En el uso común del inglés hay solo una forma, "you". Puesto que muchos de quienes primero nos enseñaron a leer la Biblia la leían en inglés, frecuentemente nos inclinamos a leerla como si todo estuviera en singular, "tú". Ciertamente, es bueno leer la Biblia en privado. Pero también tenemos que aprender a leerla en público, como mensaje dirigido al pueblo de Dios como un todo. En el Antiguo Testamento las palabras de los profetas eran proclamaciones al pueblo —escritas bajo inspiración profética, pero leídas al pueblo, pues el propósito de Dios era precisamente dirigirse al pueblo. Casi toda la Biblia se formó en la proclamación pública y tenía el propósito de entenderse como palabra dirigida a todo el pueblo de Dios —ya fuera Israel, o ya la iglesia. La predicación en el servicio de la Palabra tenía el propósito de ayudar a la congregación a madurar en su entendimiento de sí misma y de su lugar en los propósitos de Dios para el mundo. Ciertamente, tal maduración haría su impacto en las vidas de los cristianos individuales, pero lo haría porque esos individuos eran parte de la iglesia, del cuerpo del Señor resucitado.

La tarea de la predicación es darle al texto bíblico un carácter radicalmente histórico. Esa historia tiene dos polos: el pasado en el que el texto se escribió, y el presente en que se predica. Hay varios modos de ver esa relación. Hay predicadores que sencillamente leen el texto bíblico y se preguntan cómo puede servir de base para la predicación presente, sin tener en cuenta el contexto en que el pasaje fue escrito. Lo importante es lo que esas palabras nos dicen acerca de nosotros hoy, y por tanto no hay que prestarles atención al contexto y el significado originales. Hay

predicadores que piensan que todo sermón ha de ser evangeli-
zador, llamando al arrepentimiento y la conversión, sin importar
si quienes escuchan son creyentes o no. Otros —frecuentemente
quienes han estudiado en seminarios— han aprendido a tomar
en serio el contexto original del pasaje bíblico, y a no tratar de
separarlo de su contexto. Pero eso no es sino parte de la tarea.

Tomar la historia en serio no se limita a tomar en serio el contexto original de un pasaje, sino que implica también tomar en
serio el contexto en que el sermón se origina, la historia en la que
tanto quien predica como la congregación viven hoy. Sin darles
igual importancia a ambos polos, no podemos decir que verdaderamente hemos hecho del texto una realidad histórica.

Juan Calvino entendía esto claramente. Para él, la predicación
era absolutamente esencial para la iglesia. La Palabra de Dios
viene a ser Palabra para este momento en la historia cuando
quien ha sido llamado a ello por Dios la aplica al pueblo de Dios.
En la predicación fiel, la Palabra deja de ser cosa del pasado y
viene a ser Palabra viva. Y ese predicación es necesaria si la iglesia ha de ser la iglesia. Dice Calvino:

> Muchos llegan a persuadirse, bien sea por orgullo y presunción, o
> por desdén o envidia, de que podrán aprovechar mucho leyendo y
> meditando a solas, y así menosprecian las asambleas públicas, pen-
> sando que el oír sermones es cosa superflua. Mas como estos tales
> deshacen y rompen, en cuanto pueden, el santo vínculo de unión
> que Dios quiere sea inviolable, es justo que reciban el salario de tan
> impío divorcio, y así queden tan envueltos en errores y desvaríos,
> que les lleven a la perdición.
>
> Por tanto, para que la pura simplicidad de la fe permanezca
> entre nosotros íntegra y perfecta, no llevemos a mal ejercitar la
> piedad que Dios mismo al instituirla demuestra sernos necesaria,
> y como tal nos la recomienda mucho. Jamás se ha hallado alguien,
> por desvergonzado que fuese, que se haya atrevido a decir que
> cerremos los oídos cuando Dios nos habla; sin embargo los profetas
> y santos doctores han sostenido en todo tiempo largos y difíciles
> combates contra los impíos, para someterlos a la doctrina que
> predicaban, ya que por su arrogancia no podían soportar el yugo
> de verse enseñados por boca y ministerio de hombres. (*Inst.*, IV.1.5)

Muchos predicadores parecen pensar que la Biblia es histórica solo en su origen. Por eso piensan que pueden descubrir el "significado" de un pasaje con solo estudiar su contexto histórico original. Una vez hecho esto, dan por sentado que ese significado que han descubierto ha de ser el mismo para cualquier congregación, sin importar su situación o las crisis mundiales o locales a que se enfrente. Luego, el sermón parece tener un carácter intemporal aun cuando el texto mismo sea histórico. El momento histórico de la predicación misma no parece afectar la interpretación del pasaje. Cuando tales predicadores se ven obligados por las circunstancias a predicar sobre situaciones concretas de muerte, guerra, pobreza o desastres naturales, lo más probable es que vayan a una concordancia bíblica para allí encontrar un pasaje que tenga que ver con esa situación. O quizá se va a celebrar la comunión, y hace falta un pasaje que hable acerca de eso. A tales predicadores se les hace difícil establecer puentes entre la urgentes condiciones presentes y un pasaje que no ha sido escogido específicamente para ello.

¿Qué sucedería si tomáramos más en serio el carácter único e irrepetible —es decir, la realidad histórica— del momento en que la predicación tiene lugar? ¿Qué si un sermón fuera tan específico que no pudiera repetirse en otro lugar y circunstancia? ¿Qué si viéramos que no hay un sermón perfecto para cada pasaje bíblico, sino que el mismo pasaje puede dar lugar a un número infinito de sermones, todos ellos apropiados y sin embargo todos diferentes, pues cada uno de ellos surge en un contexto histórico particular?

El filósofo cristiano Eugen Rosenstock-Heussy dice:

.... una palabra que verdaderamente se aplica a una ocasión específica transforma su situación, tornando lo que de otro modo sería un accidente en un momento histórico significativo. Jesús no hizo comentarios "ocasionales", sino que pronunció palabras con las cuales el momento cobró vida, y es por ese poder de dar vida que todavía las recordamos. Es decir, que mientras más inocentemente una palabra se dedique por completo a esta ocasión particular, y no a otra, más original y eterna puede resultar.

Un pasaje bíblico tiene poder cuando se le aplica a una situación específica. Mientras se le vea solo como una verdad general es posible escapar de sus demandas. Podemos decir que nuestro caso es excepcional, y por tanto el pasaje no se nos aplica. Pero si se le dirige específicamente a nosotros y nuestras circunstancias, no es posible escapar de él.

Como predicadores, frecuentemente huimos de tal aplicación directa al momento presente, que puede resultar arriesgada. Ningún comentario puede decirnos cómo aplicar un pasaje a nuestro momento único. Ningún libro puede hacerlo. Tal aplicación es la habilidad auténtica y creadora de quien predica. Y es al mismo tiempo obra del Espíritu Santo. Va más allá de lo que la erudición puede alcanzar. Según Calvino, es Dios quien les da esa tarea a quienes Dios llama y la iglesia autoriza para predicar. Ninguna otra persona puede hacerlo por nosotros, aunque sí es cierto que debemos utilizar todos los instrumentos que la erudición ofrece para entender el texto en su contexto original.

Lo que debemos preguntarnos es cómo volver a enfocar en la predicación esa tarea creadora de aplicar el texto a nuestro momento. ¿Cómo hemos de llevar el texto de su contexto original al nuestro sin falsificarlo? Ciertamente, en algún momento durante el sermón será necesario traerlo a nuestro contexto, pues de otro modo todo lo que habremos hecho será ofrecer información acerca de las acciones del Dios en el pasado e invitar a la congregación a creerlas. Pero no basta con saber lo que Dios hizo. La Palabra del Dios vivo ha de salvarnos y redimirnos, de juzgarnos y corregirnos aquí y ahora. Esa es la tarea del sermón, de modo que las antiguas palabras de la Biblia salten de su contexto al nuestro.

El texto en escena

Imaginemos que, como predicadores, estamos en un teatro en redondo. El pasaje bíblico está en el escenario. Por encima y alrededor de él hay varios grupos de luces. Algunas son acontecimientos mundiales. Otras son situaciones en la comunidad inmediata, o en la vida de la congregación. Otras son más eclesiásticas: la época dentro del calendario eclesiástico, la celebración del bautismo o de la comunión. Ciertamente quien predica ha de conocer el contexto original del pasaje, de modo que se puedan ver los paralelismos con el contexto presente.

El escenario está a oscuras. Como un director de teatro, vamos probando primero unas luces y luego otras, hasta que encontramos la iluminación adecuada. Cada grupo de luces iluminará un elemento en el pasaje, o un personaje particular en la narración. Al probar las luces, algunas ni siquiera tocarán el texto, sino que apuntan hacia otro lugar en el escenario. Las tales no son pertinentes, y es mejor dejarlas a un lado. Pero una luz o varias sí pueden iluminar el pasaje de tal modo que cobre nueva vida, como una joya bien tallada. Quizá dos juegos de luces en conjunto ofrezcan una visión diferente que cada uno por separado. No tenemos que decidir predicar sobre el bautismo o la comunión y por tanto dejar a un lado las noticias del diario. Esos grupos de luces, al brillar sobre el texto, nos lo presentan de un modo nuevo. Puede que el pasaje haya sido tomado del leccionario, o de un estudio bíblico en que la congregación está involucrada. Pero, como quiera que haya sido seleccionado, al colocarle bajos la luz de las diversas realidades actuales, tanto seculares como eclesiásticas, el texto brillará con una belleza única y específica para ese momento.

Entonces sucede algo todavía más sorprendente. En respuesta a las luces que lo iluminan, el pasaje cobra vida en el escenario, y en ese momento comienza el proceso que trae el texto desde su contexto original al nuestro. El contexto presente tiene importancia hermenéutica. Ese contexto es necesario en el proceso de interpretación, y no basta con unas pocas palabras al final de un sermón que hasta entonces se ha desentendido de su propio contexto histórico. No podemos sencillamente cambiar el último párrafo para llevar un sermón de un contexto a otro.

Para muchos de nosotros, traer un texto al contexto presente no es sino ocuparnos de los acontecimientos seculares contemporáneos. Esto es importante, y debe hacerse. Pero también hay que subrayar lo que podría llamarse "hermenéutica litúrgica". Tal hermenéutica tiene en cuenta la importancia del contexto litúrgico para la interpretación de un pasaje bíblico. Ese contexto puede ser el bautismo, la Santa Cena, o una fecha cualquiera en el año cristiano.

Veamos lo que esto quiere decir mediante un ejemplo sencillo: el Salmo 23. Para algunos, el contexto más común para ese salmo es el temor o la congoja. En tales circunstancias, lo que se destaca es que Dios estará con nosotros aun en el valle de sombras de muerte (v. 4), y que los fieles han de morar en la casa del Señor (v. 6). Pero esos versículos vistos siempre en tales contextos pueden llevarnos a pensar que el resto del salmo es de importancia secundaria. Lo que es más, hay himnos basados en este salmo que se usan en servicios fúnebres, y que omiten la mesa aderezada en presencia de los angustiadores. Ese versículo no parece apropiado en un servicio fúnebre, ¡donde parecería señalar elementos tales como una posible disputa sobre la herencia del difunto!

Pero imagine que usted es parte del seminario clandestino de Dietrich Bonhoeffer en la Alemania nazi, y que están reunidos para celebrar la comunión. Ciertamente, el versículo sobre la sombra de muerte sería importante, pero lo que se destacaría sería el versículo 5: "Aderezarás mesa delante de mí, en presencia de mis angustiadores". Tales angustiadores serían bien reales, y ese versículo le daría al servicio de comunión una nueva dimensión: Ciertamente Dios ha preparado una mesa ante nosotros, y nuestros enemigos no tendrán la última palabra.

En cualquier servicio de comunión podemos tener en mente que la Mesa está servida en presencia de los enemigos sobre los cuales Cristo ha vencido. Quizá los enemigos no sean tan concretos como los nazis. Pero, como dice Pablo: "no tenemos lucha contra sangre y carne, sino contra principados, contra potestades, contra los gobernadores de las tinieblas de este mundo, contra huestes espirituales de maldad en las regiones celestes" (Efesios 6:12). De cualquier modo que entendamos tales potestades, el mensaje del evangelio es que han sido vencidas, que no hemos de temer. Si batallamos contra la desesperanza, la falta de sentido, los temores económicos, la pérdida y el duelo, en esta Mesa preparada para nosotros en presencia de nuestros angustiadores podemos experimentar la presencia de Dios, del Dios que nos ha hecho suyos en nuestro bautismo y no nos desamparará, del Dios que en Cristo ha vencido. Esa victoria permanece escondida excepto a los ojos de la fe, pero en fin de cuentas será revelada a toda la creación. En la Semana Santa, podríamos subrayar esa victoria sobre el poder del mal —poder que llevó a Jesús a la cruz, pero que en el Día de Resurrección fue derrotado por ese mismo Jesús.

A veces los primeros tres versículos del salmo se toman como mera introducción al resto, que parece más importante. Pero si centramos la atención sobre ellos vemos que son una gozosa alabanza por una vida en la que la presencia de Dios se manifiesta constantemente. Esos versículos hablan de seguridad y de abundancia: aguas de reposo, de modo que las ovejas puedan beber sin temor al torrente; delicados pastos en los que el rebaño puede saciarse sin temor. Todo esto es obra del Buen Pastor que guía al rebaño. El versículo 3 habla de un Dios que conforta el alma y que nos guía por buenos caminos. Estos son caminos de justicia y rectitud. Al seguirlos honramos a quien nos guía —honramos el nombre del Pastor.

Tales palabras se pueden destacar en un bautismo de un niño o e una persona joven que ha estado rodeada de amor y protección. La tarea de la iglesia y de la familia es asegurarse de que tal cariño no le lleve a olvidarse de Dios, sino a reconocer que los pastos delicados vienen de la mano de Dios, y que su propósito es llevarnos a andar con gratitud por las sendas de justicia. En ese mismo servicio podemos orar para que todos los niños y jóvenes puedan crecer con ese sentido de amor y de seguridad, intercediendo particularmente por los que no tienen hogar, por los que viven en contextos de violencia, por los que pasan hambre. El énfasis en tal caso será que cuando hay aguas de reposo y delicados pastos su propósito no es solo que los disfrutemos y seamos agradecidos, sino también que nuestra gratitud se manifieste en sendas de justicia.

Si se trata del bautismo de un párvulo o de una persona joven, ciertamente habrá momentos en el futuro en los que el resto del salmo les ayudará —momentos de sombra de muerte o de confrontación con los enemigos— pero por lo pronto lo más pertinente es el principio del salmo. Si es época de navidad, todo esto puede relacionarse con el niño Jesús, para quien no había lugar, quien tuvo que nacer en un pesebre, y quien tuvo que huir porque Herodes quería matarle; pero a pesar de eso su familia le rodeó de amor y seguridad.

O imagine la predicación sobre este texto en una comunidad que ha sufrido una gran tragedia, una comunidad que siempre se sintió segura hasta que ese acontecimiento la sacudió. Es domingo de comunión. La congregación tendrá dudas acerca de cómo Dios pudo permitir lo ocurrido. Los primeros tres versículos podrían usarse para describir la seguridad que se tuvo antes. (Cabría preguntarse si verdaderamente esa seguridad les condujo por sendas de justicia, pero posiblemente sea mejor dejar ese tema para más adelante, cuando el proceso del duelo haya ido avanzando.) Es el mismo salmista de los primeros versos quien en el versículo 4 afirma su confianza en Dios aun en el valle de sombras de muerte. Tras ese valle, todavía hay un futuro. Otra vez habrá aguas de reposo y deliciosos pastos. Al Dios de Israel y de la iglesia le gustan las mesas, pues es Dios quien instituyó la cena de Pascua, la cena del sábado y la Santa Cena. Son comidas del pacto, pues refuerzan la certeza de que somos pueblo de Dios, ovejas de su prado. Esas cenas no fueron instituidas por los humanos, sino por el Dios que sabe que en nuestra debilidad todos necesitamos que se nos asegure una y otra vez que Dios está verdaderamente a favor nuestro. El mismo Dios que preparó mesa ante el salmista ahora pone mesa delante de esta congregación, aun en medio de todo el mal que viene unido a la tragedia que ha acontecido. Aunque cuando quienes han causado la tragedia —si la tragedia es de origen humano— puedan ser castigados por el estado, siempre habrá que enfrentarse a todas las tragedias secundarias que seguirán: las recriminaciones, el sentimiento de culpa que nos dice que hubiéramos podido evitar lo acontecido, el temor de que no habrá futuro, de que ya no hay para qué vivir. La Mesa es señal de que el Dios que nos guía a través del vale de sombras de muerte también nos sacará de ese valle. El bien y la misericordia de Dios nos seguirán todos los días de la vida y más allá, y la Mesa es señal de esa promesa.

Tomemos otro pasaje, en este caso la narración en Lucas 10:38-42 del episodio de Marta y María. La historia es breve: Jesús está de visita en el hogar de Marta y María. Mientras esta última se sienta a los pies de Jesús a escuchar sus enseñanzas, Marta se queja de que María debería estar ayudándole en la cocina, y le pide a Jesús que se lo diga. Pero Jesús le contesta que María ha escogido la mejor parte, la cual no le será quitada.

A través de los siglos, este pasaje se ha utilizado comúnmente de dos modos. Primero, era el texto que se empleaba en la Edad Media cuando una monja hacía sus votos permanentes. El que María hubiera escogido la mejor parte se entendía en términos de la visión medieval según la cual la vida monástica era mejor que la vida en matrimonio —visión que ha pasado a la historia. Marta representaba entonces todas las tareas implícitas en la vida familiar, que no dejaban tiempo para hacer lo que la vida monástica sí permitía: escuchar las palabras del Señor y meditar en ellas. En segundo lugar, frecuentemente en algunas iglesias protestantes se ha dicho que Marta y María representan dos áreas necesarias para la vida cristiana: el servicio y la devoción. En muchas congregaciones las sociedades femeninas se dividían en "círculos de María" y "círculos de Marta". Los primeros se dedicaban al estudio bíblico, y los segundos a proyectos de servicio. Tal división se desentendía de las palabras de Jesús, que fue María quien escogió la mejor parte.

El texto da a entender que, aunque Jesús había estado viajando con un grupo de discípulos, es él solo quien recibe la invitación de Marta a la casa que ella comparte con su hermana María. Puesto que fue Marta quien le invitó, ella sentiría una responsabilidad particular hacia el huésped a quien había invitado. Su reacción al ver que María se queda con Jesús se entiende. Si uno invita a alguien a comer tiene que preparar la comida, y Marta no pensaba que debía hacerlo por sí sola. Es interesante notar que en lugar de hablar directamente con María, Marta le pide a Jesús que envíe a María a la cocina. Es de suponer que Marta no quedaría muy complacida con la respuesta de Jesús. Pero el texto no nos dice más.

Imagine el uso de este texto en el bautismo de alguien que no se crió en la iglesia y ahora, ya adulto, decide ser cristiano. Marta invitó a Jesús a su casa, y luego siguió con su vida de siempre, como si él no fuera más que un huésped a quien alimentar. María se percata de que este huésped es el Señor, y que la tarea que se impone es escucharle. Jesús les dirá cuando sea hora de ocuparse de la comida. El bautismo es el inicio, no el fin, de la vida cristiana. La vida después del bautismo no puede ser la misma de antes. Aun aquellos cristianos de la antigüedad que pasaban dos años preparándose para el bautismo sabían que lo que debía seguir al bautismo era una nueva vida, una vida de discipulado. Luego, la persona recién bautizada debe saber que su bautismo no es sino el comienzo, y que la vida no puede ser la misma de antes. Además, si mediante el bautismo la congregación invita a alguien a unirse a ella, se está comprometiendo a ayudar a esa persona a entender que lo primero que compete a todos los miembros de la iglesia es escuchar al Señor. La iglesia no es sencillamente una organización humana más. Es el cuerpo de Cristo en el mundo. Funciona siguiendo patrones muy diferentes de los de una organización fraternal o un club social.

Ciertamente, el unirse a la iglesia es importante, pero no es un fin en sí mismo. Toda la congregación está buscando ser más fiel, escuchar mejor al Señor, y no conformarse al mundo que la rodea. Sin lugar a dudas, María escogió la mejor parte.

Si este pasaje se emplea en un servicio de comunión de inmediato se plantea la cuestión de cuál es el alimento que buscamos en el sacramento. No es una comida más (particularmente puesto que consiste solo en un poco de pan y de vino o jugo de uvas). Es una ocasión para encontrarse con el Señor Resucitado que nos invita a la mesa y allí nos sirve. Marta invitó a Jesús; pero doquiera Jesús vaya, él es el Señor. Aquí, en la comunión, es él quien invita. Frecuentemente encontramos en el comedor de una familia cristiana un rótulo que dice: "Jesús es el huésped invisible a nuestra mesa". Es un buen sentimiento, pero no es del todo correcto. Jesús nunca es huésped. Si él entra en nuestros hogares y en nuestras vidas, él es el Señor. No podemos controlar lo que él hará ni cómo reorganizará nuestras prioridades. Si queremos retenerle como huésped, y ser nosotros los anfitriones, eso será imposible. El viene a nuestras vidas en los términos de él, y no en los nuestros. María lo entendió así, pero no parece que Marta lo haya entendido. Quizá las palabras de Jesús le hicieron cambiar de parecer.

Este pasaje podría ser útil en tiempos de Navidad como recordatorio a los miembros de la iglesia que todos los ajetreos de las celebraciones, todos los huéspedes que viene a quedarse o a cenar con nosotros, los regalos que hay que comprar, y todo lo demás, puede ser como lo que Marta pensó era lo más importante. Este tiempo de celebrar el nacimiento de Jesús nos debería ayudar a ser más como María, escuchando las palabras y enseñanzas de Jesús, y colocando toda otra actividad en un lugar secundario. Esto es palabra que la congregación también debe escuchar. De nada nos ayuda cansarnos tanto con los servicios especiales, los ensayos prolongados del coro y las decoraciones —todo lo cual en su debido lugar es bueno— y perder de vista el verdadero propósito de la celebración. Todo esto plantea la pregunta: ¿Cómo puede la iglesia ayudar tanto a sus miembros como a sus empleados a no confundir sus prioridades en los ajetreos de esta hermosa parte del año?

El culto en su totalidad

El sermón no es sino parte del servicio de adoración. El pastor o pastora tiene que ocuparse de que la esencia del sermón reciba el apoyo y complemento de la música, las oraciones, y todo el resto del servicio. Si se utiliza el año cristiano, es más probable que haya tal coordinación. Esto no quiere decir que el pastor debe hacerse cago de todo el servicio. Bien puede haber un comité de adoración en el que estén representados quienes se ocupan de la música así como otros miembros de la congregación, y que se reúna la semana (o semanas) antes del servicio. Si quien va a predicar puede dar una idea general del pasaje bíblico y del tema central del sermón, quienes estén a cargo de otras partes del servicio pueden pensar acerca de cómo apoyar lo que se ha de decir en el sermón. La pastora o pastor sí puede ocuparse de otras partes del servicio —los bautismos, la comunión, el llamado a la adoración, la bendición final, etc. Y todo esto también ha de contribuir al tema general de todo el servicio.

Pero es importante que recordemos que la iglesia antigua daba por sentado que los sermones eran para quienes estaban ya bautizados o al menos camino al bautismo, y su propósito era ayudar a la congregación a comprender la importancia de su bautismo para su crecimiento en el discipulado. Aunque hoy sí hay en la audiencia personas que no son bautizadas ni miembros de la iglesia, también está presente la congregación misma, y por tanto el sermón no puede limitarse a la evangelización, como si no fuera también para quienes ya son creyentes. La razón por la que podemos predicarle a la congregación acerca de sus responsabilidades y de las promesas que Dios les ha hecho es que ya son bautizados. Por lo tanto, todo sermón tiene lugar en un contexto bautismal aunque en ese servicio mismo nadie se bautice. Esto no quiere decir que el bautismo mismo deba ser el tema del sermón, sino que entre otras cosas el sermón debe señalar la conexión entre el texto y nuestro bautismo. Y lo mismo es cierto de la comunión. No hace falta que la comunión sea el tema del sermón, pero si al comenzar a preparar el sermón tenemos en mente la comunión, hay muchos pasajes que no tratan directamente sobre la comunión, pero sí pueden ayudarnos a comprender más acerca de su sentido. Tales conexiones no deberán ser forzadas. Pero siempre es posible que, aun para sorpresa de quien prepara el sermón, tales conexiones aparezcan. Todo el servicio busca adorar a Dios y ayudar a la congregación a entender mejor lo que implica el ser pueblo de Dios. Esto requiere que todos le dediquen pensamiento y oración.

Epílogo

La forma del culto no es cosa tan sagrada que no pueda cambiarse. Pero tampoco es cosa carente de importancia a tal punto que todo sea admisible, como si no hubiera ciertos elementos necesarios. Los pastores y pastoras tienen un papel central en el proceso de planear y dirigir el culto de la iglesia. Además, las diversas tradiciones denominacionales son importantes. Pero también hay buenas razones para involucrar a la congregación en un proceso de reflexión acerca de lo que se hace en el culto y de cómo ese culto podría fortalecerse en cada congregación particular.

La adoración tiene que relacionarse con la cultura en que tiene lugar. Pero al mismo tiempo ha de representar una nueva creación, una nueva cultura que desafía los valores y las características de la sociedad circundante. Aunque no se han discutido en las páginas que acabamos de leer, hay muchos elementos que muestran cómo la cultura afecta la adoración. Por ejemplo, en la iglesia antigua —y durante siglos a partir de entonces— muchas de las lecturas bíblicas y de las oraciones se hacían en canto llano porque las palabras así cantadas se podían escuchar mucho mejor que si sencillamente alguien las decía. Hoy tenemos micrófonos, de modo que no hay necesidad de tal canto llano —aun cuando se pueda usar ocasionalmente. La iglesia antigua no tenía himnarios, y en todo caso probablemente la mayoría de la congregación no sabía leer. Luego, aunque había himnos que la congregación sabía de memoria, frecuentemente un líder cantaba los salmos de versículo en versículo, y entre uno y otro la congregación cantaba una misma y sencilla respuesta. Hoy muchas personas no saben leer música, y por tanto no necesitan más que la letra de los himnos. También nos es posible proyectar esa letra de modo que todos puedan leerla, pues además de la tecnología hay un índice más alto de alfabetismo. Posiblemente haya dificultades lingüísticas debido a los movimientos poblacionales —pero la iglesia antigua también tuvo que enfrentarse a esa realidad.

Aunque no es necesario repetir las formas de adoración de otro tiempo y lugar, sí es útil ver cómo la iglesia adora y ha adorado en diferentes circunstancias. En este libro hemos visto cómo era la adoración en la iglesia antigua. ¿Qué hemos de hacer con tal conocimiento? Posiblemente sería buen que un grupo de entre la congregación hiciera una lista de los modos en que su culto es como el de la iglesia antigua. ¿Estarían cómodos en ese culto de antaño? ¿En qué sentido? También se podría hacer otra lista de elementos que hoy pudieran parecernos extraños. ¿Habrá en tal lista algo que pudiera sernos útil hoy? ¿Cómo?

Además podríamos plantearnos otras preguntas: ¿Cuándo empezó a practicarse nuestra forma presente de adoración? Los miembros más antiguos nos pueden decir si el culto ha cambiado desde que se unieron a la iglesia. ¿Por qué cambió? ¿Fueron útiles esos cambios? ¿Qué otros cambios debemos hacer? Por ejemplo, hace cincuenta años era de esperarse que cualquier persona en nuestra sociedad conociera por menos el bosquejo esencial del mensaje cristiano. ¿Será eso cierto hoy? ¿Cómo podemos comprobarlo? ¿Será necesario preparar mejor a quienes deseen unirse a la iglesia? ¿Qué de quienes ya son miembros? ¿Cómo puede hacerse esto? ¿Qué diferencias generacionales hay en el modo en que se ve la adoración? ¿Cómo podemos facilitar el que personas de todas las edades adoren juntos? ¿Qué necesidad hay de educar a la congregación respecto a la adoración? Si este breve libro ayuda a pastores y congregaciones a plantearse tales preguntas, habrá cumplido su propósito.

Apéndices

La *Didajé* o *Doctrina de los doce apóstoles*

Nota introductoria: *Este pequeño libro, que fue de mucha influencia durante los primeros siglos de la historia de la iglesia, se había perdido hasta que fue descubierto en una biblioteca en Estambul en el 1875. El texto está originalmente en griego, pero también hay algunos fragmentos de traducciones a otras lenguas, como el latín, el árabe, el cóptico y el siríaco. Los eruditos concuerdan, que aunque lleve el título de Doctrina de los doce apóstoles, no es obra de los doce, sino que es un escrito poco posterior a la vida de los apóstoles, y posiblemente una compilación de varias ideas y prácticas que circulaban cuando el libro fue escrito. Con todo y eso, se trata de un documento valiosísimo para el estudio del culto cristiano, pues parece haber sido escrito en fecha bastante temprana, posiblemente durante el siglo I, cuando todavía algunos de los libros que actualmente forman parte del Nuevo Testamento no se habían escrito. Da instrucciones sobre varias prácticas en la vida de la iglesia, las funciones de los líderes, etc. Los pasajes que se citan a continuación se refieren expresamente a lo que más nos interesa en este libro.*

El texto:

7. En lo que se refiere al bautismo, lo que se ha de hacer es lo siguiente: tras todo lo que se acaba de señalar [es decir, las enseñanzas de Jesús] se ha de bautizar en el nombre del Padre, del Hijo y del Espíritu Santo, y esto ha de hacerse en agua viva [agua que corre]. (2) Cuando no haya agua viva se ha de bautizar en otra agua, y si no la hay fría se puede usar agua tibia. (3) En el caso de que no hubiera suficiente agua, lo que se ha de hacer es derramar agua en la cabeza

de la persona tres veces en el nombre del Padre y del Hijo y del Espíritu Santo. (4) Antes del bautismo, tanto quien lo va a recibir como quien lo celebra, así como todo otro creyente que pueda, han de ayunar. Pero por lo menos quien se va a bautizar debe ayunar uno o dos días antes de su bautismo.

8. Los creyentes deben ayunar de manera diferente a como lo hacen los hipócritas, quienes ayunan los días segundo y quinto de la semana. En contraste, los creyentes deben ayunar el día cuarto y el día de la preparación [el día sábado, cuando se preparan para la comunión]. (2) Tampoco en la oración debemos ser como los hipócritas, sino que se ha de orar como el Señor lo mandó en el evangelio: "Padrenuestro que estás en cielo, santificado sea tu nombre, venga tu reino, hágase tu voluntad, así como se hace en el cielo, también en la tierra. Danos hoy el pan que nos hace falta, y perdónanos las deudas de igual modo como nosotros perdonamos a nuestros deudores. No nos metas en tentación, sino líbranos del mal. Porque tuyos son el poder y la gloria por todos los siglos". (3) Esta oración ha de hacerse tres veces al día.

9. En cuanto a la eucaristía, se debe dar gracias como sigue: (2) En primer lugar, sobre la copa: "Padre nuestro te damos gracias por la santa vid de David tu siervo, la que Jesús tu siervo nos ha manifestado. A ti sea la gloria por todos los siglos". (3) Luego, sobre el pan [literalmente, el fragmento]: "Padre nuestro te damos gracias por la vida y el conocimiento que nos han venido gracias a Jesús tu siervo. A ti sea la gloria por todos los siglos. De igual manera que este pan estuvo disperso por las colinas y se ha unido todo para venir a ser uno, así también pueda ser reunida tu iglesia desde los últimos rincones de la tierra a la venida de tu reino. Porque por Jesucristo tuyos son la gloria y el poder para siempre". Pero que nadie participe comiendo o bebiendo de la eucaristía sino quienes han sido bautizados, puesto que es acerca de ellos que el Señor nos prohibió darle lo santo a los perros.

10. Cuando todos estén satisfechos, se hará la siguiente acción de gracias: (2) "Padre Santo te damos gracias por tu santo nombre que haz hecho habitar en nuestros corazones, porque por medio de tu siervo Jesús nos haz dado conocimiento, fe e inmortalidad. A ti sea la gloria por todos los siglos. (3) Tú, Señor Todopoderoso, hiciste todas las cosas por razón de tu nombre, y a los humanos nos diste comida y bebida para nuestro deleite. Empero a nosotros nos haz hecho la gracia de una comida y bebida espiritual, y la vida eterna a través

de tu siervo [Jesús]. (4) Sobre todo, te damos gracias por tu gran poder. A ti sea la gloria por todos los siglos. (5) Señor, acuérdate de tu iglesia y líbrala de todo mal, de modo que pueda perfeccionarse en tu amor, y reúnela santificada de los cuatro rincones del mundo en tu reino que nos haz preparado. Porque tuyos son el poder y la gloria por todos los siglos. (6) Venga pues tu gracia y pase el mundo presente. Hosana al Hijo de David. Quien sea santo que venga. Quien no lo sea que se arrepienta. Maranatha [ven Señor]. Amén".

. . .

14. Para que el sacrificio sea puro, reúnanse los creyentes el día del Señor para partir el pan y dar gracias después de haber confesado sus pecados. (2) Pero quien no esté en paz con su compañero, que no sea parte de la comunión hasta tanto no se haya reconciliado con él. De ese modo no se profana el sacrificio. (3) Este es el sacrificio a que se refieren las palabras del Señor: "En todo tiempo y en todo lugar se me ofrece sacrificio puro, pues yo soy rey grande, mi nombre es magnificado entre las naciones".

La Primera apología de Justino Mártir

Nota introductoria: *Justino Mártir era oriundo de Samaria, pero pasó buena parte de sus años adultos en Roma, donde murió como mártir alrededor del año 165. Unos diez años antes les dirigió al emperador Antonino Pío y sus dos hijos Marco Aurelio y Lucio Vero el documento que conocemos ahora como la Primera apología. En él se esfuerza por dar a conocer la vida, creencias y prácticas de los cristianos, con el propósito de que la persecución amaine. En este escrito se encuentran también algunos de los datos más antiguos que tenemos acerca de las prácticas de los cristianos en sus cultos.*

El texto:

65. En cuanto a nosotros, una vez que la persona ha creído y ha sido lavada de esta manera [bautizada] le llevamos a donde se encuentran reunidos aquellos a quienes llamamos hermanos para que pueda entonces ofrecer oraciones fervientes junto con nosotros tanto para su propio bien, como por todos los demás que se encuentran en diversas partes del mundo. En tales oraciones pedimos que, puesto que somos conocedores de la verdad, también nuestras obras den fe de que nuestra conducta es buena y que guardamos

los mandamientos, de tal modo, que podamos alcanzar la salvación eterna. Después de las oraciones, nos saludamos con un beso. Entonces pan y una copa de vino con agua se le entregan a quien preside. Este toma lo que le ha sido dado, ofrece alabanzas y gloria al Padre del universo mediante el nombre de su Hijo y del Espíritu Santo, y eleva una larga oración de gratitud por haber recibido estos dones de las manos de Dios. Cuando quien preside termina sus oraciones y acciones de gracias, todos los presentes responden afirmando lo que se ha dicho diciendo "Amén". En hebreo, esta palabra quiere decir "así sea". Después que el presidente ha dado gracias y todo el pueblo ha respondido con su amén, aquellos a quienes llamamos diáconos sirven a los presentes del pan y del vino mezclado con agua sobre los cuales se pronunció la acción de gracias. Además les llevan estas cosas a quienes no han podido estar presentes.

66. Entre nosotros estos alimentos se llaman "eucaristía" [acción de gracias], y solo pueden participar de ella quienes han creído todo lo que le hemos enseñado y han sido lavados en el lavacro que es para redención de los pecados y para regeneración, y quien vive como Cristo nos lo ha mandado. Porque no recibimos estas cosas como si fuesen pan y bebida comunes, sino que, de igual manera que Jesucristo nuestro salvador se hizo carne mediante la palabra de Dios, y así tuvo carne y sangre para nuestra salvación, así también a nosotros se nos ha enseñado que el alimento que se bendice mediante acción de gracias es transformado de tal modo que en él se nutren también nuestra sangre y nuestra carne por la carne y la sangre del mismo Jesús que se hizo carne. Esto es lo que los apóstoles nos han hecho llegar en las Memorias que escribieron [los evangelios]. Según ellos, Jesús les mandó a hacer esto cuando tomando el pan y dando gracias les dijo: "Haced esto en memoria de mí; esto es mi cuerpo". Y de igual modo tomando la copa y dando gracias les dijo: "Esto es mi sangre". Y solo a ellos se lo dio....

67. Después de estos inicios nos recordamos mutuamente todas estas cosas, y quienes podemos ayudamos a todos los necesitados y siempre nos asistimos mutuamente. Por todas las cosas que se nos dan bendecimos a nuestro Creador a través de su Hijo Jesucristo y del Espíritu Santo. El día que se llama día del sol [el domingo] todos los que vivimos en una misma ciudad o región nos reunimos y allí se leen las "Memorias de los apóstoles" o los escritos de los profetas. Se lee tanto como el tiempo permite. Cuando quien está leyendo

termina, quien preside nos enseña e invita para que imitemos todas estas buenas cosas. Entonces todos juntamente nos ponemos en pie y oramos, y una vez que hemos terminado las oraciones, como ya dije antes, se traen pan y vino y el presidente de igual modo ofrece ahora oraciones y acciones de gracias en la medida de sus capacidades. Entonces todo el pueblo responde diciendo "Amén". Entonces se distribuye entre los presentes los alimentos sobre los cuales se han dado gracias, y también se aparta una porción para que los diáconos se la lleven a los ausentes. Quienes tienen recursos y desean hacerlo dan lo que creen conveniente y lo que se recoge se le da al presidente, quien lo emplea para ayudar a los huérfanos, las viudas y todas aquellas personas que por razón se enfermedad o cualquier otra cosa están necesitadas, como así también a los prisioneros, a los forasteros y en una palabra, a todo aquel que sufre alguna necesidad. Celebramos las reuniones de todo el pueblo el día que se le dedica comúnmente al sol [el domingo], puesto que este fue aquel día primero en que Dios, transformando la oscuridad y la materia, creó el mundo. Y es también el día en que Jesucristo, nuestro Salvador, se levantó de entre los muertos. Porque Jesucristo fue crucificado el día antes del que se dedica a Saturno [el sábado] y al día siguiente al de Saturno, que es el día del sol, apareciéndose a sus apóstoles y discípulos, no enseñó todo esto que ahora expongo aquí para que ustedes puedan tomarlo en consideración.

La tradición apostólica de Hipólito

Nota introductoria: *Hipólito fue obispo de Roma a principios del siglo III, y murió como mártir en el año 235. Unos veinte años antes compuso La tradición apostólica, documento que se había perdido hasta que fue redescubierto en varias versiones (latina, etíope, árabe y copta) durante el siglo XIX y reconocido como obra de Hipólito en el XX. Hipólito fue obispo en un momento en que la iglesia en Roma estaba dividida entre dos obispos rivales. Hipólito representaba el partido más conservador en esta disputa, y por lo tanto los eruditos piensan que, aunque este documento fue escrito en el 215, muy probablemente refleja lo que se hacía en Roma desde tiempos antes de Hipólito. Contiene secciones acerca de las funciones de los obispos, presbíteros y diáconos, y una descripción bastante detallada del proceso mediante el cual se participaba en el catecumenado y luego se recibía el bautismo. El capítulo 21, que aparece a continuación, ofrece instrucciones en cuanto al bautismo.*

El texto:

21. A la hora en que canta el gallo se elevarán oraciones por el agua. (2) De ser posible el agua debe correr en un tanque, pero si esto no es posible cualquier otra agua puede utilizarse. (3) Se despojarán entonces de sus vestidos. (4) Y bautizarán primero a los pequeñuelos. Entre estos quienes puedan hablar por sí mismos lo harán. En caso de que los pequeñuelos no sean capaces de hablar por sí mismos, serán sus padres o alguien de la familia quien hable. (5) Después se bautizarán los hombres, y por último las mujeres. Estas deberán deshacerse el cabello y despojarse de todos los adornos de oro o plata que tengan, puesto que nadie ha de introducir al agua objeto alguno. (6) A la hora señalada el obispo dará gracias sobre el óleo y lo verterá en un frasco. Esto será entonces llamado el óleo de la acción de gracias. (7) Tomará también otro óleo sobre el que hará un exorcismo y que a partir de entonces se llamará el óleo del exorcismo. (8) Dos diáconos se acercarán entonces al obispo, uno de ellos trayendo el óleo del exorcismo, quien se colocará a mano izquierda del presbítero, y el otro traerá el óleo de la acción de gracias y se colocará al lado derecho del presbítero. (9) El presbítero hablará entonces a cada uno de los que han de ser bautizados y les invitará a renunciar al pecado con las palabras "renuncio de ti Satanás, con todo tu servicio y tus obras". (10) Después que la persona haya dicho esto el presbítero la ungirá con el óleo del exorcismo al tiempo que dice: "salgan de ti todos los malos espíritus". (11) Entonces la persona que ha de ser bautizada pasará al obispo o presbítero y entrará al agua para proceder al bautismo. El que ha de recibir el bautismo entrará al agua desnudo, acompañado de un diácono. (12) Entonces la persona que ha de bautizarlo, colocándole una mano sobre la cabeza, le preguntará: "¿Crees en Dios Padre Todopoderoso?" (13) A lo que se responderá: "Sí, creo". (14) Se le bautizará entonces inmediatamente poniéndole la mano sobre la cabeza. (15) Entonces se le preguntará, "¿Crees en Jesucristo, el Hijo de Dios quien nació de la Virgen María y del Espíritu Santo y fue crucificado bajo Poncio Pilato y murió y al tercer día se levantó de entre los muertos y ascendió al cielo y se sienta a la diestra del Padre, de donde vendrá a juzgar a los vivos y a los muertos?" (16) Las respuesta será "Sí, creo", y entonces se le bautizará por segunda vez. (17) Y una vez más se le preguntará, "¿Crees en el Espíritu Santo, la santa iglesia católica y la resurrección de la carne?" (18) La respuesta una vez más será "Sí, creo", y después de esto se le bautizará por tercera vez.

(20) Después de ser bautizados cada cual se secará y vestirá, para después ser llevado a la iglesia. (21) El obispo le impondrá la mano diciendo: "Señor Dios, tú les has hecho dignos de recibir la remisión del pecado mediante el acto de la regeneración. Hazlos también dignos de ser llenos de tu Santo Espíritu. Envía tu gracia sobre ellos de modo que puedan servirte según tu voluntad, pues tuya es la gloria en la iglesia, Padre, Hijo y Espíritu Santo, ahora y por los siglos. Amén".

(22) Entonces verterá el óleo santificado de ese modo y ungirá la frente del neófito, diciéndole: "Te unjo con el óleo santo para que seas de Dios el Padre Todopoderoso, de Jesucristo y del Espíritu Santo". Tras marcarle la frente [con la señal de la cruz] le dará el beso [de paz] y le dirá :"El Señor sea contigo". Quien acaba de recibir la señal le responderá: "Y con tu espíritu". Entonces se seguirá el mismo procedimiento con cada persona. Después de esto se unirán a las oraciones del pueblo. No han de unirse a tales oraciones sino después que todo esto se haya hecho con ellos. (26) Después de haber orado se les dará el beso de paz [por la congregación].

(27) Después los diáconos le traerán al obispo la ofrenda del pan y del vino. El obispo, dando gracias, hará del pan figura del cuerpo de Cristo, y de la copa de agua mezclada con vino la figura de la sangre que fue vertida por todos aquellos que tienen fe en él. (28) En esta ocasión también se les dará una copa de miel mezclada con leche como cumplimiento de la promesa que se les hizo a los antiguos de "una tierra que fluye leche y miel". Cristo nos ha dado de su carne, a través de la cual quienes creemos en él nos alimentamos como pequeñuelos. Esta es la paz de la palabra que endulza la amargura del corazón. (29) También se ofrece la copa de agua como señal de lavacro, de modo que no sea solamente el cuerpo sino también el ser interno, el alma, lo que quede lavado.

(30) El obispo hablará entonces a todos los presentes acerca del significado de estas cosas que han de recibir.

(31) Al partir el pan y darle una porción a cada persona, el obispo dirá: "Pan del cielo en Jesucristo". (32) A lo que quien lo recibe responderá, "Amén". (33) Si no hay suficientes presbíteros los diáconos se unirán a ellos sosteniendo los cálices, y lo harán con reverencia y decoro. Uno de ellos tendrá el cáliz de agua, y otro el de miel y leche, y el tercero el del vino. (34) Quienes han de participar beben de cada copa tres veces, y quien se la da les dirá primero: "En el nombre del Padre Todopoderoso". A ello la persona responderá:

"Amén". Le dirá entonces: "Y del Señor Jesucristo", a lo que se le responderá: "Amén". Por último le dirá: "Y del Espíritu Santo y la Santa Iglesia". Y una vez más la respuesta será "Amén". (37) Esto se hará con cada uno de ellos.

(38) Una vez hecho todo esto, cada cual ha de aprestarse a hacer buenas obras de modo que pueda agradarle a Dios en vida santa, dedicada a la iglesia, practicando todo lo que se les ha enseñado, y avanzando en santidad.

La *Homilía pascual* de Melitón de Sardes

Nota introductoria: La Homilía pascual *de Melitón de Sardes se había perdido hasta que fue redescubierta en el 1940. Melitón fue obispo de Sardes —la misma ciudad que aparece en el Apocalipsis— allá por los años 170 a 180. Escribió unos veinte libros que los antiguos mencionan. Pero de ellos no se conservaban más que breves fragmentos hasta que esta homilía o sermón fue descubierta. Es un sermón predicado en celebración de la resurrección de Jesucristo.*

Este sermón es un excelente ejemplo de la llamada "interpretación tipológica" de las Escrituras. Tal interpretación toma los acontecimientos del Antiguo Testamento como prefiguraciones o anuncios de Jesucristo y de su obra. Dios ha estado guiando la historia de la humanidad, y en particular la historia de Israel, por un camino que lleva a Jesucristo, y en ese camino aparecen patrones de la acción divina que apuntan hacia el Salvador.

El texto:

El pasaje sobre el éxodo del pueblo hebreo acaba de ser leído, y se han expuesto las palabras del misterio, cómo el cordero fue sacrificado y cómo el pueblo fue salvado.

> Entended por tanto, bien amados, cómo es el misterio de la
> Pascua
> nuevo y antiguo,
> eterno y temporal,
> corruptible e incorruptible,
> mortal e inmortal.
> Antiguo según la Ley,
> pero nuevo según el Verbo,

Temporal por ser de prefiguración;
pero eterno por ser de gracia;
Corruptible por la inmolación del cordero,
pero incorruptible por la vida del Señor;
Mortal por su sepultura en la tierra;
pero inmortal por su resurrección de entre los muertos.
La Ley es antigua,
pero nueva es la Palabra;
Temporal es la prefiguración,
pero eterna es la gracia;
Corruptible es el cordero,
pero incorruptible el Señor.
. . . .

En efecto, el sacrificio del cordero
y la celebración de la Pascua,
y la letra de la Ley
Todos se encuentran en Cristo
a quien anunciaron todas las cosas que sucedieron bajo la antigua Ley,
y aun más bajo la nueva Palabra.
Porque la Ley se tornó Verbo,
lo antiguo se tronó nuevo,
viniendo de Sión y de Jerusalén.
Y el mandamiento se tornó gracia,
Y la prefiguración se hizo realidad,
Y el cordero, Hijo,
Y el cordero hombre,
Y el hombre, Dios.
. . . .

Así también el misterio del Señor,
prefigurado por largo tiempo,
mas hoy hecho visible,
cobra fuerza hoy que se ha cumplido,
aunque la humanidad lo considere inaudito.
Porque, tanto antiguo como nuevo,
¡tal es el misterio del Señor!
Antiguo según la prefiguración;
nuevo según la gracia
. . . .

He aquí por qué, si deseas contemplar el misterio del Señor,
recuerda:
a Abel, como él muerto;
a Isaac, como él atado;
a José, como él vendido;
a Moisés, como él expuesto;
a David, como él perseguido;
a los profetas, que como él sufrieron.
. . . .

¡Acercaos entonces, todas las familias humanas, asoladas por
vuestros pecados,
y recibid la remisión de pecados.
Porque yo soy vuestra remisión [dice el Señor]
Yo soy la Pascua de salvación;
Yo soy el cordero inmolado por vosotros;
Yo soy vuestra agua del lavacro;
Yo soy vuestra vida;
Yo soy vuestra resurrección;
Yo soy vuestra luz;
Yo soy vuestra salvación;
Yo soy vuestro rey.
Soy yo quien os hace ascender más allá de los cielos;
Soy yo quien os resucitaré allá;
Soy yo quien os mostraré al Padre eterno.
Yo os resucitaré por mi propia mano.

Así dice quien hizo el cielo y la tierra;
quien desde el principio le dio forma al humano;
quien fue anunciado por los profetas;
quien se hizo carne en una virgen;
quien colgó de un madero;
quien fue enterrado bajo la tierra;
quien resucitó de entre los muertos
y ascendió hasta el más alto de los cielos;
quien está sentado a la diestra del Padre;
quien tiene poder para salvar y para juzgar;
aquél por quien el Padre hizo todo cuanto existe,
desde el principio y por toda la eternidad.
Este es el alfa y la omega.
Este es el principio y el fin

como principio, indecible
y como fin, incomprensible.
Este es el Cristo.
Este es el Rey.
Este es Jesús.
Este es el General.
Este es el Señor.
Este es el que resucitó de entre los muertos
y se sentó a la diestra del Padre.
Este es quien lleva al Padre, y a quien el Padre lleva.
A este sean la gloria y el poder por todos los siglos.
Amén.

Una *Homilía sobre la Navidad* por León el Grande

Nota introductoria: *León, generalmente conocido como el Grande, fue obispo de Roma desde el año 440 hasta su muerte en el 461. Una de las muchas señales de la grandeza de León fue su predicación. De él se conservan numerosas homilías o breves sermones en los que relaciona los grandes momentos en la vida de Jesús y las grandes doctrinas de la iglesia con la vida de los fieles. Así, hay homilías acerca de la Navidad, de la Transfiguración, de la Pasión de Jesús, de su Ascensión, del Pentecostés, de la Cuaresma, del ayuno, de las bienaventuranzas, y otras. La que aquí tenemos es la primera de diez homilías de León sobre el tema de la Navidad.*

El texto:

Hoy, queridos hermanos, ha nacido nuestro Salvador; alegrémonos. No puede haber lugar para la tristeza, cuando acaba de nacer la vida; la misma que acaba con el temor de la mortalidad, y nos infunde la alegría de la eternidad prometida.

Nadie tiene por qué sentirse alejado de la participación de semejante gozo, a todos es común la razón para el júbilo porque nuestro Señor, destructor del pecado y de la muerte, corno no ha encontrado a nadie libre de culpa, ha venido para liberarnos a todos. Alégrese el santo, puesto que se acerca a la victoria; regocíjese el pecador, puesto que se le invita al perdón; anímese el gentil, ya que se le llama a la vida.

Pues el Hijo de Dios, al cumplirse la plenitud de los tiempos, establecidos por los inescrutables y supremos designios divinos, asumió la naturaleza del género humano para reconciliarla con su Creador, de modo que el demonio, autor de la muerte, se viera vencido por la misma naturaleza gracias a la cual había vencido.

....

Por eso, cuando nace el Señor, los ángeles cantan jubilosos: Gloria a Dios en el cielo, y anuncian: y en la tierra paz a los hombres que aman el Señor. Pues están viendo cómo la Jerusalén celestial se construye con gentes de todo el mundo; ¿cómo, pues, no habrá de alegrarse la humildad de los hombres con tan sublime acción de la piedad divina, cuando tanto se entusiasma la sublimidad de los ángeles?

Demos, por tanto, queridos hermanos, gracias a Dios Padre por medio de su Hijo, en el Espíritu Santo, puesto que se apiadó de nosotros a causa de la inmensa misericordia con que nos amó; estando nosotros muertos por los pecados, nos ha hecho vivir con Cristo, para que gracias a él fuésemos una nueva creatura, una nueva creación.

Despojémonos, por tanto, del hombre viejo con todas sus obras y, ya que hemos recibido la participación de la generación de Cristo, renunciemos a las obras de la carne.

Reconoce, cristiano, tu dignidad y, puesto que has sido hecho partícipe de la naturaleza divina, no pienses en volver con un comportamiento indigno a las antiguas vilezas. Piensa de qué cabeza y de qué cuerpo eres miembro. No olvides que fuiste liberado del poder de las tinieblas y trasladado a la luz y al reino de Dios.

Gracias al sacramento del bautismo te has convertido en templo del Espíritu Santo; no se te ocurra ahuyentar con tus malas acciones a tan noble huésped, ni volver a someterte a la servidumbre del demonio: porque tu precio es la sangre de Cristo.